河出文庫

世界を旅する黒猫ノロ

飛行機に乗って37ヵ国へ

平松謙三

河出書房新社

旅のはじまり

旅の荷造りは、いつも出発の1週間ほど前から始まります。寝室にバーンとスーツケースを開いて、とりあえず思いつくものをぽんぽん放り込んでいくのが僕のパッキング方法。そこに、キャットフードや、小袋に詰め替えた猫砂が転がっているのが、普通の旅じたくとちょっと違うところですが……。

このスーツケースの周りに、いつの間にやらやってきて、出たり入ったりしているのが、うちの猫「ノロ」（14歳・雑種・♂）。ここには、すっかり彼の匂いが染みついているのでしょう。それもそのはず、ノロはこのスーツケースとともに、かれこれ10数回も海外を行き来しているのです。

犬にできるなら猫にだって……。

そんな思いつきと好奇心から始まったノロとの旅は、僕にとって、もはやすっかり当たり前のことになりました。寝室に広げられたスーツケースを見るたび、ノロも、また旅の日々が始まると思っているに違いありません。

さあノロ、そろそろ出発だよ。

contents
もくじ

Priority

contents

contents

ノロが巡った37ヵ国で猫はこう呼ばれている

［北欧］

スウェーデン	Sweden	カット	katt	
デンマーク	Denmark	カット	kat	
ノルウェー	Norway	カット	katt	
フィンランド	Finland	キッサ	kissa	

［西欧］

イギリス	U.K.	キャット	cat	
フランス	France	シャ	chat	
ベルギー	Belgium	カット	kat	※オランダ語
オランダ	Netherlands	カット	kat	
ルクセンブルク	Luxembourg	カッツ	kaz	
ドイツ	Germany	カッツェ	katze	
スイス	Switzerland	カッツェ	katze	※ドイツ語
モナコ	Monaco	シャ	chat	※フランス語
リヒテンシュタイン	Liechtenstein	カッツェ	katze	※ドイツ語
オーストリア	Austria	カッツェ	katze	※ドイツ語
ヴァチカン	Vatican	カットウス	cattus	※ラテン語
サンマリノ	San Marino	ガット	gatto	※イタリア語
イタリア	Italy	ガット	gatto	
スペイン	Spain	ガト	gato	
ポルトガル	Portugal	ガト	gato	

WORLD "NOROJOURNEY" ATLAS

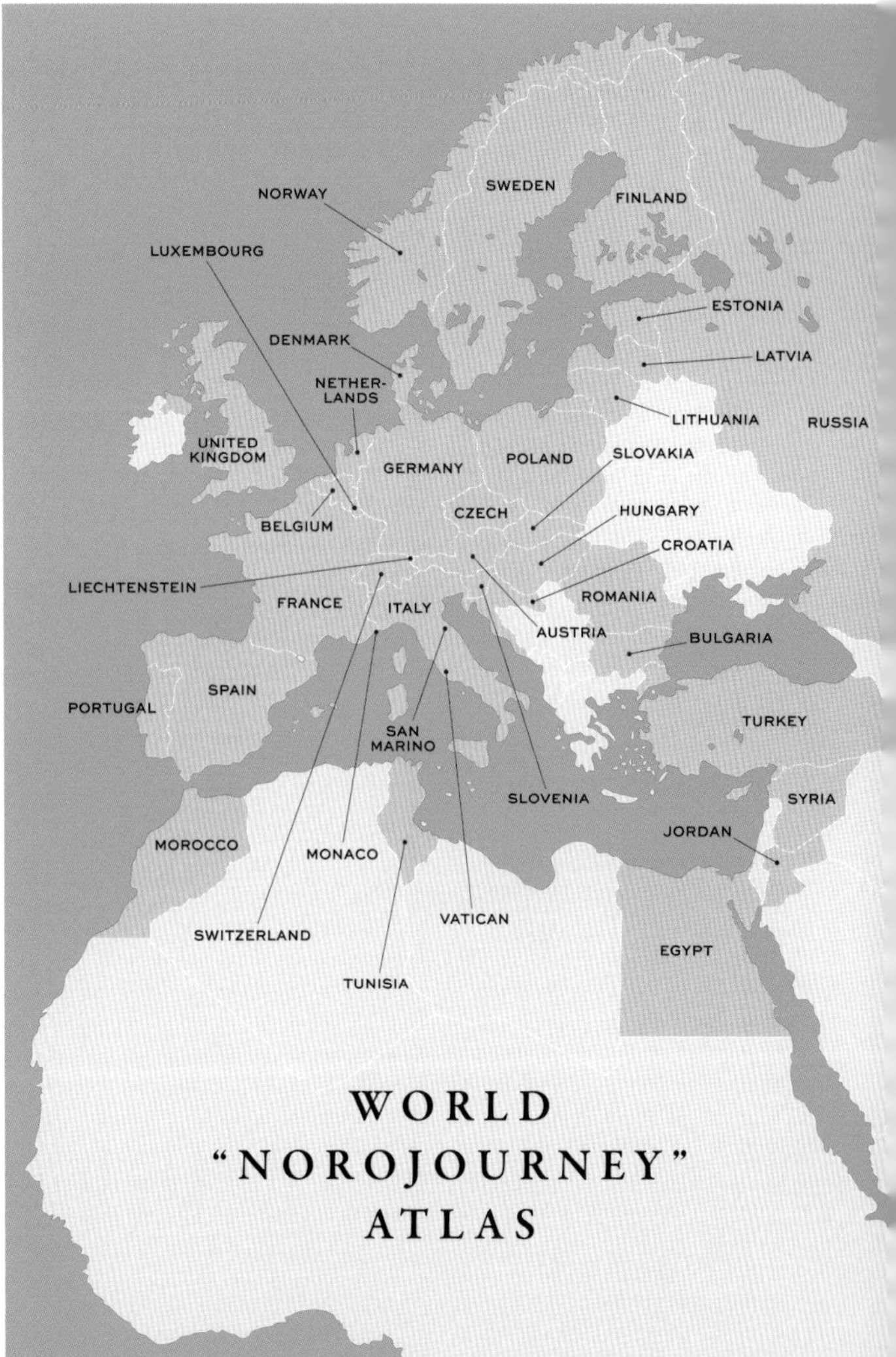

NORWAY
SWEDEN
FINLAND
LUXEMBOURG
ESTONIA
DENMARK
LATVIA
NETHER-
LANDS
LITHUANIA
RUSSIA
UNITED
KINGDOM
GERMANY
POLAND
SLOVAKIA
BELGIUM
CZECH
HUNGARY
CROATIA
LIECHTENSTEIN
FRANCE
ITALY
ROMANIA
AUSTRIA
BULGARIA
SPAIN
PORTUGAL
TURKEY
SAN
MARINO
SLOVENIA
SYRIA
JORDAN
MOROCCO
MONACO
VATICAN
SWITZERLAND
EGYPT
TUNISIA

[東欧]

ポーランド	Poland	コット	kot
チェコ	Czech	コチュカ	kočka
スロヴェニア	Slovenia	マチュカ	mačka
ハンガリー	Hungary	マチカ	macska
ブルガリア	Bulgaria	コートカ	kotka
クロアチア	Croatia	マチカ	mačka
ルーマニア	Romania	ピシーカ	pisică
スロヴァキア	Slovakia	マチカ	mačka
エストニア	Estonia	カッシュ	kass
ラトヴィア	Latvia	カッティス	kaķis
リトアニア	Lithuania	カッテェ	katė
ロシア	Russia	コート	kot

[アフリカ/中近東]

モロッコ	Morocco	シャ	chat ※フランス語
チュニジア	Tunisia	カット	قط ※アラビア語
エジプト	Egypt	カット	قط ※アラビア語
シリア	Syria	カット	قط ※アラビア語
ヨルダン	Jordan	カット	قط ※アラビア語
トルコ	Turkey	ケディ	kedi

猫の鳴き声は？

猫の鳴き声のオノマトペ（擬音語）は、言語による変化があまり見られず、どの国でも、「ミヤーウ」「ミャウ」「ミャオ」などと発音すればだいたい通じます。

本書掲載の情報（「番外編　日本を旅する黒猫ノロ」Ｐ１３７～Ｐ１４５を除く）は
単行本版刊行時（２０１６年９月）のものです。

世界を旅する黒猫ノロ

飛行機に乗って37ヵ国へ

きびしいチェックをくぐりぬけて、
けんぶつにきたノダ！

2010
Egypt

ギザ
(ピラミッド)

FILE. 01

荷物検査でノロの○○が大問題に⁉

テロの危険と隣り合わせの中東諸国では、陸路・空路を問わず、出入国には緊張が伴います。なかでも大変だったのがエジプトからの出国。カイロ国際空港には厳重な二重のセキュリティチェックがあり、空港の建物に入ってすぐ、チェックインカウンターにたどり着く前にまず、荷物を全部開けさせられるのです。

なんと担当は迷彩服に身を包んだ軍人。自動小銃を肩に掛けた気難しそうな男でしたが、準備しておいたアラビア語の裏書き付き検疫書類の神通力は絶大で、ノロに関しては深く追及されません。アラブ人は大の猫好きだそうで、彼の表情も心なしかゆるんだ気がします。つかみはオッケーです！

……がしかし、開けたトランクから次々と出てくる猫グッズに、彼の表情がみるみるくもり始めました。実は、エジプトを始めとするアラブ諸国では、猫を家で飼うという習慣がありません。猫好きには違いないのですが、野良猫を地域のみんなでかわいがるという接し方なのです。家猫という感覚とは縁遠いそんなお国柄ゆえ、トランクの中の爪とぎやらダニ除《よ》けのスポイト薬やら妙な形のドライフードやらといった猫グッズは、もれなく不審物扱い。問答無用で片っ端からX線検査機に放り込まれました。

とりわけ面倒だったのが猫砂。――これはいったい何だ？「猫のトイレの砂です」――猫のトイレ？……ていうか、これは紙だろう？「トイレに流せるように紙でできているのです」……噛《か》み合わない問答の末、納得がいかない様子の彼は、やおら自動小銃を背中に回し、片手でその不審な砂（使用済み！）をむんずとつかみ、鼻を近づけ臭いを嗅ぎ始めたのでした（あちゃ～）。

数秒間の沈黙のあと、男は微妙な表情で固まったまま砂を戻し、僕らは開けっ放しのトランクごとシッシッというしぐさで追い払われました。無罪放免というわけです。

当時のエジプトは、30年に及ぶ独裁政権の末期。滞在中、彼のように「自分の持ち場でややこしいことが起きるのはイヤ！」な、ことなかれ主義の人に数多く出くわしました。こういうタイプとはまともにぶつからず、のらりくらりとやり過ごすのがいちばん。エジプトでは、面倒なことも案外なんとかなるということを学んだのでした。

日本からきたノダ!

GYPTAIR
かもつ室じゃないよ。
ボクも客室だよ!

2007
Tunisia
チュニス
(チュニス=カルタゴ国際空港)

2013
France
ロワシー＝アン＝フランス
(パリ＝シャルル・ド・ゴール空港)

10時間すぎるとあきるノダ。
ようやくついたノダ!

FILE. 02

この猫、実は機内持ち込みなんです

「飛行機で猫ちゃんは貨物室の中なんでしょう？　かわいそうに……」とノロに同情してくださる方も多いのですが、どっこいこの猫、機内持ち込みなのです。あまり知られていませんが、ヨーロッパの航空会社の多くは犬猫と一緒の搭乗がＯＫ。体重やバッグのサイズなど一定の条件を満たせば手荷物と同じ扱いになります（有料・要予約）。

チェックインカウンターでは、渡航先国の入国に必要な書類のチェック、重量やバッグのサイズ確認、同意書へのサインなどを経て、超過手荷物料金を支払います。続くセキュリティチェックでは、まずバッグからノロを出し、バッグはほかの手荷物と同じX線検査機へ。ノロはリードを外して肩に乗せ、僕と一緒に金属探知機のゲートをくぐります。珍客の登場に保安検査場がほっこりムードになったりしますが、だからといって検査の手をゆるめてくれるわけではありません。ベルトを外したり靴を脱いだりして微妙な格好になりながら、探知機が反応しなくなるまでノロをかつぎ、何度となく往復することも……。

機内では、猫は原則としてバッグの中。ノロは自分のバッグ（P42）をベッドと思っているようで、バッグごとおとなしく、前の座席の下へ収まります。「狭い・暗い・暖かい」の三拍子が揃《そろ》うとほっこりしてしまう猫の習性に加え、環境の変化に鈍感なノロの性格もあって、フライト中はだいたいこの中で寝ています。

以前、眠くなる薬を処方してもらったこともあったのですが、寝ぼけたままウロウロするという最悪の結果に……。それからは薬に頼らず自然に寝てくれる環境づくりを心がけています。食事は、バッグから顔を出して手に持ったお皿から。トイレは、試行錯誤を重ね、モバイルトイレ（P55）に落ち着きました。

ヨーロッパの航空会社にとって、ペット連れ対応はごく当たり前のサービス。なので、面倒がられることも特別扱いされることもありません。ただ、気には掛けてくれているようで、いい子にしているようならバッグから出して座席でくつろがせてくれたり、むずがっているノロを見かねてこっそりギャレーの周りで散歩させてくれたり……。こういう、ペットに対するおおらかな対応は、さすがだなぁと思います。

13
UPTON

2008
Spain
フリヒリアナ

この村では、ボクもいろいろあったノダ。

FILE. 03

カレンダーがつないだスペインの村

色とりどりの郵便受け（P24）を最初に見かけたのは、とある雑誌のスペイン特集。「ここで写真を撮りたい！」と盛り上がり、記事に名前が書かれていたフリヒリアナ村に行ってみることにしました。

訪れてみると、丘に沿って広がるこのあたりの村は坂道が多く、郵便配達が大変なため、集落ごとにこのような集合ポストを設置しているのだとわかりました。同じようなものがいくつもあるなか、抜群にかわいかったのは、やはり雑誌に載っていたこの集落のポスト。地中海を背に「アンダルシアの白い村」として有名なフリヒリアナに向かう田舎道の途中にぽつりとありました。

思い思いの色と形で競い合うように並んだポストはどこか誇らしげで、わが村への愛情が伝わってくるよう。夢中でシャッターを切っていた僕ですが、この時はまだこの写真がつないでいく不思議な縁を知る由もありませんでした。

ここで撮った写真は、その翌年――２００９年版のノロのカレンダーの表紙を飾ることになったのですが、それを見たスペイン在住の日本人の方から、驚きのメールが届きました。「ここ、うちのダンナの村です！」——なんでも、一時帰国中、スペインの片田舎にあるご主人の村が大フィーチャーされたカレンダーを見つけて、思わず買って帰ったとのこと。近所の郵便受けが、遠い日本でカレンダーになったと知り、ご主人もさぞかしびっくりしたことでしょう。

そして、さらにびっくりは続きます。カレンダーの2月はフリヒリアナで泊まったプチホテルの写真だったのですが、そのホテルのマダムが、なんとご主人が勤務する地元の銀行のお客さんだったことが判明。「これ、ウチのお得意さんとこだヨ〜」ということで、マダムに話したところ、彼女もノロのことはよ〜く覚えているとのこと。それもそのはず、チェックアウトの朝、ノロがここのボス猫と一戦交えてしまい（P114）、大騒ぎを起こしていたのでした。

海を渡ったノロのカレンダーは、その後、巡り巡ってそのプチホテルに掲げられることになったそう。ボス猫とのケンカには負けたノロですが、思わぬ形で再訪を果たすことになったのでした。

2007
Bulgaria
イスタンブール発
ブカレスト行きの寝台列車内
オランダのたび人です。
ジジに似てるねと
いわれたノダ。

2013
France
カレー
(ユーロトンネル)
EURO
TUNNEL
ボクはきほん、
検疫所ではふきげんだよ。

がいこくの人とは目をみて話すノダ！

たいがい撮る人のほうが
テンションたかいよね。
2007
Bulgaria
ネセバル

FILE.
04

ヨーロッパで「日本人＋猫」といえば⁉

ひと昔前のヨーロッパなら、日本人と見るや唐突に「ナカータ！」と声を掛けてくる人が多かったものですが、それも今は昔。最近はそういう直球型は影をひそめ、マニアックな変化球が多くなりました。

若い人やクリエーターが好んで話題にするのが宮崎駿《はやお》氏。赤い首輪を付けた黒猫と見るや「この猫、ジジみたいだね〜！」というつかみから入り、いつの間にかジブリ作品への思いの丈を語り始めます。『魔女の宅急便』の英題は『Kiki's Delivery Service』……役立つフレーズなので覚えておきましょう。

同じくらいメジャーなのが村上春樹氏。ヨーロッパには熱狂的なハルキストが多いのですが、氏が猫好きだということもかなり広く知られているようです。特にイギリスでは、猫に加えて、僕がスコッチ・ウィスキー好きとわかるや必ず氏の話題になるほど（スコットランドの蒸溜《じょうりゅう》所を訪ねた紀行文が有名）。苗字を「ミュラカミ」と発音する人が多いので、ヒアリングに注意しましょう。

FILE. 05

深夜の国境駅であわや離れ離れに……

寝台列車がアナウンスもなく停車したかと思うと、静まりかえった車内を車掌が慌ただしくノックして回り、全員に降りるよう命じました。時計は夜中3時を回っています。そこはカプクレ駅。トルコとブルガリアの国境のようです。トルコからEU諸国への出国審査は厳しいと聞かされていたのですが、まさかこんな時間に外に出されるとは……。余計なトラブルを避けるため、寝ているノロには布団を掛けて寝台に残すことにしました。

普通は駅で警察がパスポートチェックをするだけのようですが、なぜか僕だけ列から外されて厳しく検査される事態に。かばんを開けるよう命じられ、隅から隅まで検分されたあげくに質問攻め。ほかの乗客の検査はとっくに終わり、向かいのホームから列車が発車しそうになったため、さすがにいい加減にしてくれと懇願し、ことなきを得ました。

どうやら当時愛用していた、あやしい輩《やから》が持っていそうな大げさなアタッシェケースが原因だった模様。日本の偽造旅券が問題になっている地域で、僕はいかにもあやしげだったというわけです。あやうくノロと今生の別れになってしまうところでした。

2016
Lithuania
ヴィリニュス

おとなは夜のおさんぽをたのしむノダ！

いちいちりっぱな名ふだがついているノダ!

2013
United Kingdom
エディンバラ

FILE. 06

ノロの旅行かばんの中身は？

キャットフードは、ふだん食べているドライとウェットを持参。これに、時々、現地のものを混ぜて変化を付けています。フードと水の皿は、折りたたみできるシリコーン製のもの。往路の機内食に付いてくるプラスチックのスプーンも、ウェットをほぐす際に便利なので拝借しておきます。

トイレの容器はアルミ製の番重《ばんじゅう》を長年愛用中。給食の配膳に使う、両側に取っ手の付いたあの四角い箱です。中に入れる猫砂は1ヵ月の旅で大袋2つ程度が必要で、大きめのジップロックに入れ替えて、荷物の隙間に詰め込んでいます。このほかに、出先でのおもらしに備えて、犬用の吸水シートを何枚か入れておけば完璧！

忘れると困るのが爪とぎ。ヨーロッパではふだん使っているような段ボール製のものが入手しづらいのです。ホテルの敷物がノロの「餌食」になってしまわないよう、日本から使い慣れたものを持参しています。ほかに、猫砂用のスコップ、消臭スプレー、ウェットティッシュ、ブラシ、爪切り、そして掃除用に小さなホウキとチリトリ。これら一式を「ノロトロリー」と呼ぶ、コロコロ付きのバッグに入れて持ち歩いています。

FILE. 07

旅する猫はこうやって育ってきた

張りきらない、言うことききかない、ものにならない――僕の考える猫の「3ない」です。そんな生き物ですから「旅行を想定してしつけの行き届いた子に鍛え上げる」というのは、猫からしてみれば無理な相談でしょう。ならば、その性質を逆手に取って、猫のふだんの暮らしを丸ごと持ち出すことができれば、一緒に旅ができるのではないか？　と考えました。ノロにとってはどこにいてもいつもの生活環境があって、「リョコウって何のことですかニャ⁉」となってくれればしめたもの……というわけです。

幼い頃にノロがマスターしたのは「首輪とリードができること」「車に乗れること」「どこでもトイレができること」の3つ。あとはひたすら「家族が一緒にいればそこがおうち」と思ってもらえるようしむけました。

行く先々に同じトイレを置き、いつもそばにお気に入りのブランケットがあって、同じ器でごはんが出てくる、という具合です。ノロは生後1ヵ月くらいでこのトレーニングを始めましたが、できるだけ若いうちに試してみて、旅行に対する適性を見極めるといいでしょう。

2013
Belgium
ブイヨン
ホテルの
おむかいの山だよ!
草をたべにきたよ!

ホテルの目のまえがビーチだよ!
ボクにはあまりかんけいないよ!
2007
Croatia
フヴァル島

2016
Sweden
ダーラフローダ

ホテルのテラスだよ！　みまわりだよ！

FILE. 08

まるでＲＰＧ⁉ 動物検疫の長〜い道のり

「動物検疫」は、動物や人に感染する病気をその国に侵入させないための制度。猫に関しては狂犬病がその対象で、多くの国では「狂犬病にかかっていないこと」と「狂犬病予防接種をしていること」が入国の条件。飼い主がこれらを証明する書類を作成し、受け入れる国がそれを審査するのが猫の動物検疫の具体的な内容になります。

実は日本は世界でも数少ない狂犬病のない国で、再入国にあたっての検疫では、さらに厳しい条件（Ｐ１７０参照）をクリアしなくてはなりません。出発前の日本国内の手続きに関しては順を追って取り組めば問題なく進むのですが、厄介なのが帰国前の渡航先での書類作成。異国の地で観光客には縁遠い動物病院や役所を訪ね歩き、お互いに母国語ではない英語の書類を完成させるというのは、なかなかに骨の折れる作業なのです。

ミッションは「動物病院で健康診断書をつくってもらうこと」と「診断書に役所で裏書き証明をもらうこと」の２つ。まずは獣医さんにアポを取ることから始まるのですが、これがいきなり大変……。電話がつながらない、英語で話し始めた途端ガチャ切り、明日からバカンスで１ヵ月の休み等々、毎回様々な落とし穴が待ち構えています。

ホテルのフロントを頼るなどして動物病院へたどり着いたら健康診断。ビビり性な上に噛み癖のあるノロは面倒なタイプの患畜で、各地でシャーシャー言ってはひんしゅくを買っています。ただし健康診断自体は簡単なもので、大雑把な先生になると「シャ〜」と威嚇するノロの口の中の色を見て「元気だね、OK！」で終了することも。

無事診断書をゲットしたらスマホで撮影し、日本の検疫所にメールして事前確認へ。OKとなれば、いよいよ最大の難関である役所へと向かいます。普通の人にとっては一生縁もなさそうな部署なので、獣医さんに紹介してもらうなり大使館をあたるなりして探しあて、アポイントを取るのですが、ここでもまた担当者がバカンス中だったり、組織変更でビルごと消滅していたり……。

ラスボス……もとい担当の役人までたどり着き、書類をチェックしてもらって、サインと承認印をゲットすれば、ついに書類の完成です。ヨーロッパの公印は紋章や女神が描かれたありがたいものが多く、感慨もひとしお！　ここまでの苦難の道のりを思うと勲章でももらったかのような達成感が込み上げてしまい、毎回思わず目の前にいるラスボスと固い握手を交わしてしまう僕なのでした。

ふかい谷そこを歩いていくと、
りっぱないせきがあるノダ。

2010
Jordan
ペトラ
（ペトラ遺跡）

インディ・ジョーンズのロケをした、
ありがたいいせきなノダ！

FILE. 09

キャリーバッグはノロの安心シェルター

長年愛用しているのは、ソフトタイプのペットキャリーバッグ。機内持ち込みサイズをうたう商品はどれも高さが低い（20～24㎝程度）ため、長旅を考えるとかわいそうな気がしてしまいますが、ノロはあまり気にしていない様子。実際に使ってみるとわかりますが、移動中は、基本的に中で寝転んでいるからです。伸びをさせたければ上のフタを開ければＯＫ。

そもそも猫は狭いところが大好き。当の本人はバッグというより「お気に入りの寝床」くらいに思っているようです。自分の臭いが染みつき、外界をシャットアウトできるバッグは、ノロにとって「ここにいれば安心」と思える、いわばシェルターのようなもの。動物病院でつらい思いをしたあとなどは一目散にここへ駆け込み、無心に顔を洗って気持ちを鎮めたりしています。

キャリーバッグをいやがる猫も多いと聞きますが、快適設備として気に入ってもらうことができれば、きっと旅の強力な味方になりますよ。

FILE.
10

猫連れ散歩の意外な敵キャラたち

猫に対しては超がつくほどビビり性なノロ。シャーシャー言って手がつけられなくなるため、地元の猫の縄張りになっていそうな、臭いのきつい路地や公園には近寄らぬが吉です。空から小動物を狙うカラスにも要注意。気弱そうな猫を見つけるや「カーカー」鳴いて群れを呼びながら付け回してきます。変わったところでは熊。ロシアで鎖につないだ熊を公園の噴水で水浴びさせている猛者を見かけた時は戦慄しました……。

肩に乗せて街中を散策する時は、ガードの甘い背後からちょっかいを出してくる人に注意。楽しんでいるうちはいいのですが、浮かれた観光地などでは、ちょっかいを出すほうもついエスカレートしがちです。流血の惨事にならないよう後方を気に掛けておきます。

「ヨーロッパの街あるある」なのが、血気盛んな10代男子による「すれ違いざまに突然大声を出してビックリさせる」という牧歌的なイタズラ。のどかな話ですが、ノロはこれで相当なダメージを受けるため、前からジーパンを下げた柄の悪そうなグループが近づいてきたら、そっとバッグや服の中へ隠してやり過ごすようにしています。

2009
Italy
ミラノ
(ミラノ中央駅)
駅にはロマンがあるノダ。

ボクと歩いてもおこられないノダ。
2013
United Kingdom
ロンドン
(パディントン駅)

とおくをながめると酔わないノダ。
2009
Switzerland
アルプス

2015
Spain
バルセロナ
(バルセロナ・サンツ駅)
のるまえに先頭で写真を撮るノダ。

FILE. 11

イギリス入国の裏ワザ？ ユーロトンネル

ロンドンオリンピック以降緩和されたとはいえ、島国であるイギリスにペットを連れて入国するには、他のEU諸国にはない様々な条件があります。まず、飛行機に乗せるところからハードルが高く、飼い主とは別の貨物便が原則。つまり機内持ち込みで一緒に入国することができないのです……。ところが裏ワザを発見しました。「あのトンネル」を使うのです！

英仏海峡を結ぶユーロトンネルは、列車に車ごと乗って移動するのですが、車がフランス側の入り口駅に近づくと、「GRANDE BRETAGNE」（GREAT BRITAIN）と書かれた巨大な看板と料金所を示すサインが現れます。ここの右端の分岐レーンに、黄色地に黒の肉球マークがあり、その肉球を追って行った先が、なんと動物検疫所！

ここでマイクロチップと書類をチェックして、情報を登録してもらえば入国準備完了です。あとは車ごと列車に乗り込みトンネルでGO！

実はこれ、裏ワザでも何でもない正規のルート。EU内でペット連れの人はたいてい車移動なので、むしろこっちが正式な入り口なのでした。

FILE. 12 大ピンチ！ マイクロチップが消えた⁉

イギリスからの出国は、サウザンプトン港からフランスのカーンに向かうフェリーを利用することにしました。乗船はドライブスルー方式で、車に乗ったまま出国審査まで済ませることができます。しかし、ここで困ったことが……。

出国時には、人間のパスポートと併せて猫のマイクロチップをチェックし、入国の際に登録した情報と照合するのですが、肝心のマイクロチップが読み取れないのです。料金所で窓越しにハンドスキャナーを渡され、ノロの首に当てるも反応なし。隣のレーンのスキャナーに交換してもらってもダメ。２００㎞以上離れたユーロトンネルまで戻って再検査せよとのこと。このままではノロは永久に出国できません！ かなりやばい事態です。

ルームミラー越しに後ろの車列のざわつきがわかるようになり、さらに焦ります。ここで事態を重く見た偉い人が登場して、右手に持ったでかいスキャナーを当てるや、あっさり「ピッ」と反応。どうやら料金所の備え付けスキャナーがショボ過ぎて、日本の規格のものが読み取れなかったようです。この時ばかりはホントに焦りました……。

橋の上から歩いておりてきたノダ。

かえりは歩かないよ!

2015
Spain
ロンダ

FILE. 13

訪れた37ヵ国を猫目線で駆け足紹介①

ノロが初めて降り立った海外の地は、パリ＝シャルル・ド・ゴール空港。ここでパリの検疫のノウハウを得たこと、また、華もあることから、フランスを旅の拠点とすることが多いです。もうひとつの拠点はヨーロッパの中心で交通の便がよいドイツ。特に、東欧へのレンタカー入国はドイツからが確実です。フランスで難儀する検疫書類の作成もドイツ人の手にかかるとサクッと進むため、華より実を取りたい場合はこっちにします。

そこから足を延ばしやすい、スイス、オーストリア、ベルギー、ルクセンブルク、オランダといった、主にゲルマン系の国々はいずれも治安が良く、英語も通じやすいため平和な旅ができます。ホテルもほとんどが犬猫連れＯＫ。

対照的なのがイタリア、スペイン、ポルトガルといったラテン系の国々。前述の平和なエリアと比べると（かつてほどではないものの）治安が悪く、英語が通じない場面が増え、いろんな意味で刺激的な旅になります。人なつっこく陽気な人が多くて楽しいのですが、人なつっこい野良猫も多く、ノロにとっては気が抜けないエリアです。

北欧のデンマーク、スウェーデン、ノルウェー、フィンランドは、いわばヨーロッパの優等生。治安面でも人柄面でも成熟した大人の社会といった感じです。ただしホテルに関してはペットNG率が若干上がり、冬の寒さが影響しているのか、北に行くほど野良猫の数が減っていきます。

近代化の進む東欧諸国の変化は著しく、かつてレンタカーで乗り入れできなかった国への入国が解禁されるなど、治安面の不安は減ってきています。僕が訪れた当時（2005～09年）、ポーランド、チェコ、ハンガリー、スロヴェニア、クロアチアは西欧とほぼ同じ感覚。スロヴァキア、ルーマニア、ブルガリアはまだ注意が必要でした。ちなみにルーマニアは野犬が多く、首都のブカレストでも人間を襲う事件が相次いでいたため、さすがにノロを連れての外出は控えました。

日本と同様に島国のため、長くペット連れでの入国を制限していたイギリスですが、2012年のロンドンオリンピックを機に条件が緩和され、ヨーロッパ旅行のルートに加えやすくなりました。犬猫の宿泊はどこもウエルカム。さらに国じゅうに張り巡らされた美しいフットパス（公共散歩道）のおかげで、特に犬連れには天国でしょう。実はノロはイギリス旅行中にフットパスで散歩の楽しさに目覚め、帰国してからは朝昼晩の日課になりました。

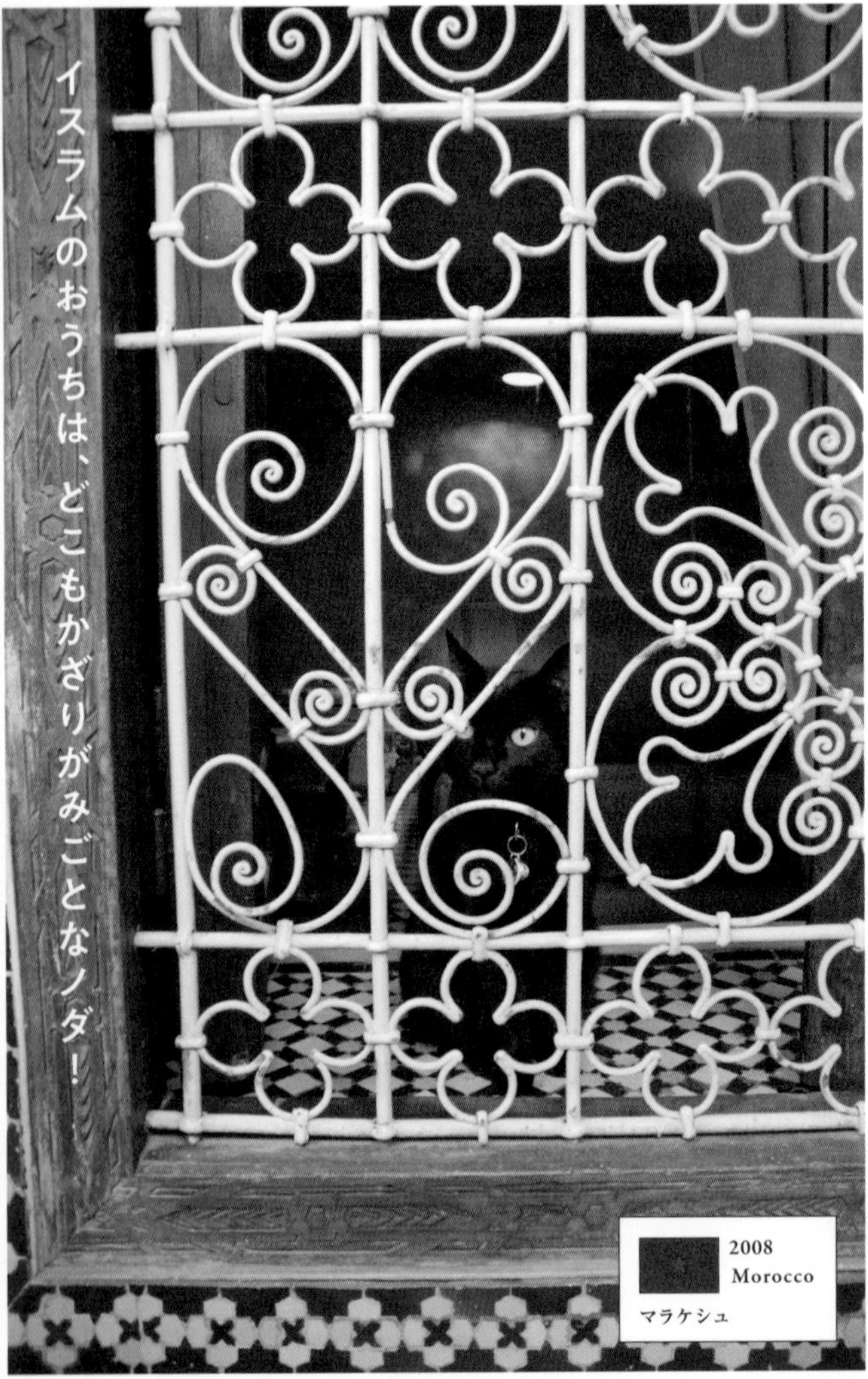

イスラムのおうちは、どこもかざりがみごとなノダ！

2008
Morocco
マラケシュ

かいだんもぬかりがないノダ!

FILE. 14

いちばん大事なトイレの話

旅行中は基本的に、いつも使っているトイレで用を足せる環境を整えています。砂は、トイレに流せる紙砂タイプを愛用中。持ち運びが軽いだけでなく、大粒で掃除がしやすく、ホテルやレンタカーの車内をきれいに保てるからです。また、トイレに流してサクッと処理できるのは、臭いの気になるホテルではありがたいメリット。

アルミの番重（P34）の底に脱臭・抗菌パッドを敷き、その上に前述の紙砂を入れたものがノロの旅行用トイレになります。かなりかさばるものですが、前足と後ろ足を片方ずつ番重の縁に載せ、尻尾をピンと立てるノロのトイレスタイルを尊重し、使い続けています。

ちなみに、紙砂は海外では入手しづらいため、日本から持参しています。いつも旅の後半でストックが尽きて現地調達する羽目になるのですが、ヨーロッパで入手できる砂も吸水や脱臭の性能は申し分なく、安心して使えます。ノロにとっては紙砂にはないリアルな感触が新鮮なようで、いつもより多めに砂かきしながら、嬉《うれ》しそうに使っています。

FILE. 15

最強のモバイルトイレはコンビニ袋

散歩や狭い機内では、前述の「番重トイレ」を持ち歩くのははばかられるため、ちょっと用足しできる「モバイルトイレ」を併用しています。いろいろと試行錯誤を重ねましたが、結局落ち着いたのは、二重にしたコンビニ袋に紙砂を入れるだけのシンプルなものでした。

まず、紙砂を入れたコンビニ袋の口を上からくるくると巻いて円形の土手をつくり、中の紙砂が直径20㎝くらいになるよう露出させます。ちょうど相撲の土俵のようになったその上に、ノロが腰を下ろしたら、ターゲットを外さないよう&土手を越えないようアシストしながら用足しさせます。汚物の周辺だけ捨てれば大小数回分はカバーできるので、13時間程度のフライトなら、このモバイルトイレで大丈夫。

催したノロが小さく「ニャ～」と鳴いたのを聞き逃さず、阿吽《あうん》の呼吸でセットしたこのモバイルトイレで、立派な「大」をキメてくれた時などは、思わずハイタッチ！……はさすがにしてくれませんが、ノロも満足げ。こういう小さな信頼関係の積み重ねが、きまぐれな猫と旅を続ける秘訣《ひけつ》だと思います。

ほりだしものを見つけるノダ。
ほほう、これはなかなかな段ボールですな！

お水もえらんで注文するノダ。
ボクはふつうのお水をください！

自転車をもってきたノダ。
じもとっ子きぶんだよ!

2007
Croatia
ザグレブ

FILE. 16

「ダメ」をつくらないヨーロッパ

ホテルはもちろん、すてきな雑貨屋から高級デパート、路面電車からTGVに至るまで、ヨーロッパではノロを連れてどこまでも行けてしまいます。国によって寛容さに違いはあるものの、感覚的には基本OKで、ダメな場合のみ、その旨が入り口に書かれている、という感じ。カフェやレストランのような飲食店でも、テラス席はもちろん、室内もOKなところが多く、わざわざ「Well behaved dogs are welcome!（お行儀のいいワンコ歓迎！）」と掲げている店も見かけます。

日本では猫連れで肩身の狭い思いをすることが多いため、現地でもつい恐縮して「猫いるけど入っていい？」と聞いてしまい、きょとんとした顔で「どうして？」と聞き返されることもしばしば……。

ヨーロッパを旅していて気分がいいのが、この「〜してもいい？」という質問をあまりしなくていいところ。人が自然に「したい」と思うことが（もちろん他人に迷惑をかけないことに限ります）、極力そうできるようになっているのです。たとえば、川があったら泳ぎたい、そのほとりに椅子を出してワインでも飲みたい——そんな人々の「したい」という気持ちが、「ダメ」と断じる看板や奇異の目によって妨げられることなく、みんなが思い思いに楽しんでいます。

この背景には、いちいち「ダメ」を明文化することを好まないヨーロッパの気風があるように思います。課題に対して、なるべくダメをつくらないことを前提として取り組むほうが効率的であるというスタンスなのです。

様々な民族や言語が交ざり合って暮らす社会では、細かいルールを設けたところで守られないという事情もあるでしょう。責任や安全面での課題も多いと思いますが、人間味のある割り切り方だと感じます。

むろん、本当に「ダメ」な場合はわかりやすく表示されていて、犬（と猫）がダメな場所には例外なく、赤い丸の中に犬のシルエットが描かれた「ワンコ進入禁止」のサインが掲げられています。どの国も、教会などの宗教施設、有料の歴史的建造物、生鮮市場や食品店など食材を扱う場所はNGが多いよう。また北欧諸国では、動物アレルギーへの配慮からタクシーがダメだったり、電車の車両が指定されていることがあります。

港がみえるホテルをとりました。
ながめはいいけど
お部屋はしょぼいよ!

2006
France
マルセイユ

ひまなときは窓べにいます。
町のようすが
よくわかるからね。

2013
Belgium
ブイヨン

FILE.
17

ユルくならない猫写真の撮り方

猫はだいたいにおいてやる気がないため、写真写りがユルく、マンネリ化しがちです。もちろんそういうところが猫らしくてかわいいのですが、張りきって訪れた世界遺産や圧倒的な大自然を前にすると、いつもとは違った、かっこいい写真を残したくなるのが人情というもの……。というわけで、ノロと旅をしながら、凛々《りり》しく写る「ユルくならない猫写真の撮り方」をあれこれ試行錯誤しています。

【猫は景色の一部として構図を考える】まず景色ありきで構図を決めます。目指すイメージは、そのへんの野良猫がうっかり写り込んでしまったような自然さ。全体を客観視できるように、レンズは広角系（35㎜判換算で24～35㎜程度）がおすすめです。猫よりもまず風景を見ることで、力強い構図が決まります。この段階でいったん猫なしで試し撮り。猫を入れたい位置に帽子やマフラーを置いてイメージをつかみ、絞りやシャッタースピードの確認と、補正も済ませます。

【リードさばきに気をつかって】そしてノロ登場。リードは、フックを用いてどこかに引っ掛けられるようにしておけば、人が写らず便利です。この時、リードが猫とカメラの間に入らないよう、首輪を回して後ろに逃がしておくと、写真がスッキリします。

【スピーディーに撮る】猫が周りに好奇心を持ち、動作や表情が生き生きとする最初の1〜2分間がゴールデンタイム。ファインダーを覗《のぞ》きながら、目線や顔の向き、体のシルエットの変化を追いかけてどんどん撮ります。あれこれ欲張らず、後ろ向きでも猫にピントが合っていなくても躊躇《ちゅうちょ》しないこと。そして猫が飽きたら撤収〜！

【おいしい角度を頭に入れておく】横顔がきれいな角度、目玉に光が反射する角度など、日頃からその猫が美しく見える角度を頭に入れておくと、短時間の撮影でも、より魅力的なショットを引き出すことができるようになります。慣れてくると、しぐさや行動パターンから、次にくるおいしい角度を予測できることも。こうしてうまくキマった時は、「写真の神様キタ――――！」という感じで、ファインダーを覗きながら、思わず鳥肌が立ちます。

日本からサンタさんに会いに来ました。

はりきって正装で来たノダ！

2004
Finland
ロヴァニエミ
（サンタクロース村）

FILE. 18

リアルサンタは日本語もお上手でした

フィンランドはロヴァニエミのテーマパーク「サンタクロース村」には、サンタさんに謁見できるアトラクションがあります。ここは、世界じゅうからサンタファンがやってくる観光名所。待合いの廊下には、訪れたハリウッドセレブの写真が何枚も飾られています。ノロと一緒に小1時間ほど並び、いよいよ謁見の時となりました。

――Where are you from?　サンタさんがゆっくり口を開きました。「We are from Japan!」と答えると、――Mori no yosei mitai desune.「?.」僕らが目を白黒させていると、――モリのヨウセイみたいですネ。ネコのことですヨ。なんとニホンゴだったのです。でも、どこでそんなフレーズ覚えたの!?　サンタさんは続けます。――ニホンはどこから?「東京です」――トウキョウのどこ?「む、武蔵野市ですけど……」――おー、ムサシノ行ったことあります。サンタのシゴトで行きました。

びっくり!　完全に日本語で会話をしています。言っておきますが、僕らは予約して行ったわけではありません。アポなしなのに、目の前には日本語を操るサンタさん。しかも武蔵野市って……。

――フィンランドははじめてですか？　「初めてです。いいところですね」　――いえいえ、ツマラナイところですヨ（おおげさに肩をすくめるジェスチャーをしながら）。……参りました。日本語でボケることだってできるのです。

　ほかのグループの謁見の様子を壁越しに聞いていると、サンタさんはどうやら何ヵ国語もしゃべれる様子。加えて、子どもには子ども向けに夢のある話を、団体客には呼びかけ形式で盛り上げ、猫連れ客には猫の小ネタをはさみながら……というふうに、訪れるすべての人を楽しませる話術まで持っているのです。リアルサンタさんは一級のエンターテイナーでもありました。

「世界じゅう飛び回ってお忙しいでしょう。お体に気をつけて……」謁見の間、なにかとノロに気をつかってくれた彼に、ちょっと大人っぽくあいさつしたところ、――いやいや、トナカイがいるからダイジョウブ。わしはラクチンなものですよ。ときました。大事な秘密に関しては、大人相手でもボケで通すようです。サンタさん、お見事！

2015
Spain
ロンダ
このソファーはボクがつかうノダ。
ぬいだズボンとかおかないでほしいノダ!

エジプトで買ったネコのおきものなノダ。たびのお守りなノダ！

2010
Italy
フィレンツェ

FILE. 19

旅するスーパーキャットの性格って？

ノロが猫のくせに旅が平気な理由のひとつに「新しい環境への順応性が高いこと」があります。要するに、環境の変化に対して鈍感なのです。おかげで、自宅と仕事場の二重生活から始まり、帰省や旅行、引っ越しなどで環境が変わっても、猫にありがちな「固まって動けなくなる」という状況に陥ったことがありません。

ホテルのチェックイン直後（P106）や新しい家に引っ越した当日などは、ひととおり歩き回って点検したり臭いを嗅いだりして、一応、猫らしいところを見せるのですが、たぶんに形式的なもの。ちゃっちゃと切り上げて部屋でいちばん居心地のよさそうな場所を見つけ、誰よりも先にくつろいでいるのがノロなのです。

もうひとつの理由は「あきらめの早さ」。飛行機や車の中で（今日は自由に動き回れないニャ〜）と悟ると、手足が伸ばせるだけの居場所の確保に専念したのち、さっさと寝てしまいます。

特にヨーロッパ便の往路はそのパターンだと刷り込まれているようで、これまで10回を超える渡航でも100％爆睡。トイレを知らせる時に「ニャ〜」と鳴くくらいで、むずがって鳴きだしたりしたことは一度もありません。

こういったノロの性格が遺憾なく発揮されたのが、過去に一度だけ経験した「係留検疫」の時。係留検疫は、日本の旧検疫制度下のルールで、帰国後の2週間、犬や猫は空港近くの専用の施設に隔離して観察を受けなくてはならず（係留）、ノロと離れ離れになっていたのです。

係留される猫はもちろんですが、預ける飼い主も不安なので、係留業者からは毎日電話や画像で様子を教えてもらえるのですが、僕らの心配をよそに送られてきたのは、狭い部屋でほっこりとくつろいでいるノロの写真……。

「おうちにいるみたいに落ち着いていて、初日からごはん完食です！　さらにうんちもおしっこも、初日にできる猫ちゃんは珍しいです。大助かりです！」と満点レポートが添えられていました。

旅するスーパーキャットというよりは、スーパーマイペースキャットというのが正解なのではないかと思います。

2007
Tunisia
チュニス

ボンジュール、さんぱつ屋さん!

2013
United Kingdom
ロンドン

ハロー、テーラーさん！

2013
Luxembourg
ベルヘム

モイエン（こんにちは）、おじさん！ 犬もいるね！

FILE. 20

黒猫ノロはおっさんホイホイ

ノロと旅をしていると、どこからともなくわらわらと猫好きが集まり、気がつくと人だかりができていることがあります。猫好きに国境なし！　という感じのほほえましい光景ですが、どこでも共通しているのは、人だかりの中の「おっさん率」の高さ。

散歩中、すれ違いざまに「プスプス」と呼ばれて（Ｐ90参照）振り向くと、後ろにいるのはたいていおっさん。そこに「どれどれ」と合流してくるのも、またおっさん。家族でわーっと集まるような場面でも、まず最初にノロに気がつくのはおっさんで、みんなでノロをちやほやしてくれて、お母さんが飽きて、子どもたちが飽きて、そうしてみんながいなくなって、最後までそこに残っているのはやっぱりおっさん。

Ｐ73の写真のおっさん方も、ノロを目ざとく見つけて階下のオフィスからホイホイ集まってきたわけですが、なぜかみなさん抜群におしゃれがキマっているのは、ここがかのサヴィル・ロウの名門テーラーの前だから。彼らと猫談義に花を咲かせながら、この時ほど、自分の皺《しわ》だらけのシャツが恥ずかしかったことはありませんでした。同じおっさんとして……。

FILE.
21

ノロそっくり！ リトアニアの旅する黒猫

ノロのように旅をする猫を見かけたことはなかったのですが、２０１６年初夏に訪れたリトアニアで、すごい猫と出会ってしまいました。首都・ヴィリニュス郊外のサービスエリアで、思わず手に持った棒アイスを落としそうになるくらいの、びっくり猫に……。その子は、なんとノロそっくりの黒猫！　開け放したトランクにある荷物の上にゴロンとくつろぐ姿が目に入った時、うちのが脱走したのかと思ったくらいです。僕が近づいて指を向ければ、クンクンしてニャ〜とじゃれてくるフレンドリーぶり。ノロならこの時点でシャーのひとつも出ていることでしょう。

居合わせた飼い主とおぼしき少年を手招きし、こちらの車内のノロを見せると「ママ、来て！」と叫び、化粧濃いめな母さんが登場。言葉は通じずとも思うところは同じなので、互いにエールを交換しましたが、日欧旅猫のご対面は、猫嫌いなノロの性格をかんがみて丁重にお断りしました。その猫は優雅にリードなしで芝生を散歩したのち、家族に呼ばれると慣れた足取りで車へ戻って行きました。同じ旅する黒猫ながら、このしつけの差。二度びっくりでした。

2010
Syria
パルミラ

古代ローマのいせきです
思いをはせるノダ！

FILE. 22

薬がない⁉ ダマスカスの獣医体験談

ノロは過去に1度だけ、旅行中に体調を崩して海外の動物病院にかかったことがあります。中東はシリアの首都ダマスカス。そこには、日本では考えられない常識が待ち構えていました。

イスタンブール空港での乗り換えの際、寒い滑走路で待たされたためおしっこが出なくなってしまったノロ。その旅から、いつもと勝手の違う旅行用トイレに切り替えたことも影響したのかもしれません。念のため、日本で同じ症状になった時の薬を持ち歩いていたのですが、それも底をつきそうになり、在シリア日本国大使館で、現地の獣医さんを教えてもらって飛び込んだのでした。ちなみに、猫をペットとして飼うことが一般的ではないシリアでは、獣医といえば家畜を診るお医者さんのことなのだそう。そんな事情に精通した大使館の方は、外国人向けに開業しているペット専門医を探してくれました。

タクシーで連れて行かれたのは、ダマスカス郊外の山の手にあるペットクリニック。なるほど、いかにも外交官などが住んでいそうな超高級住宅地です。親切に迎え入れてくれたのは、（シリアでは珍しく）英語のできる獣医さんとアシスタントのお嬢さん。よかった、これでなんとかなる！

……と思ったのもつかの間、なぜか「ここに薬はない」の一点張り。とはいえ、こちらもそうやすやすと引き下がるわけにはいきません。症状や薬の種類を英訳しておいた資料を片手に説得を試みるうち、どうやらこの国では投薬はすべて注射で行うのだということがわかりました。主な患畜が家畜というシリアの獣医事情を考えると、なるほどそれも納得です。

いわく「3本の注射を3日続けて同じ時間に打てば治る」「今からお手本見せるからやり方を覚えて帰りなさい」とのことで、その日はレクチャーを兼ねて1本目をプスリ。帰りに残りの注射2本を手渡されました。ビビる僕を見て先生は笑いながら「大丈夫、この国ではみんなこうしてるから」と励ましてくれました。

「後ろ脚大腿《だいたい》部のやわらかい肉に沿うように注射針を半分まで刺したのち、ゆっくり、しかし止めることなくプランジャーを押す」――掌にいやな汗をかきながら、言われたとおり注射すること2日間。おかげでノロはあっさりと回復しました。しかし、さすがにもうこりごりです。以後、冬場に外で待たされるような乗り継ぎ便は避け、トイレも元に戻しました。

バルセロナにきたら、
ガウディ先生のけんちくを
見学するノダ!

2008
Spain
バルセロナ
(グエル公園)

2015
Spain
バルセロナ
(サグラダ・ファミリア)

サグラダ・ファミリアです。
大いそぎでつくってるよ!

FILE.
23

ノロお手柄⁉ パンク強盗対処法

「パンク強盗」とはターゲットが乗った車のタイヤをパンクさせ、パニックになっている隙を狙って盗みを働く、いわば自動車版の火事場泥棒。治安の悪いイタリアやスペインの都市部で多発しています。その手口は、まずバイクで車に近づき、信号待ちで停車している際に後輪をナイフでブスリ。気づかずに走り出したところで前に回り、「パンク！　パンク‼」と派手な身振りで車を止め、親切を装って巧みに声を掛けて車から降ろした隙に、陰に隠れていた仲間が車内の貴重品を奪い去るというもの。

巧妙な連係プレーですが、ほかの凶悪な強盗と違い、落ち着いて対処さえすれば被害をパンクだけに食い止めることができます。やられたと気づいたら、まず車を安全な路肩に止め、バイクの男があきらめて立ち去るまでドアをロックして車内で待機します（ナイフを持っていると思われるので抵抗しないこと）。大丈夫そうになったら周囲に仲間が残っていないか警戒しつつ荷物を下ろし、工具とスペアタイヤを出してタイヤを交換。ただし、最近増えている、スペアタイヤを積んでいない車の場合は、有料のレッカーサービスを呼んだ上で、車を交換してもらうことになります。

なんでこんなに詳しいのかと言いますと、今までに、なんと3回もパンク強盗に遭っているから……。ミラノで初めて被害に遭った時は何が起こっているのかわからず焦りましたが、犯人が車内を荒らし始めたところで、遠巻きに見ていた勇気ある女性が声を掛けてくれたため未遂に終わりました。

こうして、犯行の一部始終を実体験したおかげ（?）で、2回目に再びミラノで、3回目にバルセロナで被害に遭った時は冷静に対処することができ、今のところ物盗りの被害はありません。しかし、いずれも地味な車で普通に走っていたのに、よほどのボンクラに見えたのか、はたまた隠れリッチに見えたのか、長くミラノに住む友人には「3回も遭ったヤツ、聞いたことない！」と笑われています。

ちなみに、初回の強盗が車内を物色していた最中、ノロはというと後部座席で爆睡中。犬ならば、吠《ほ》えたり噛みついたりしてくれるおいしい場面なのですが、わが猫は起きた気配すらなし。しかし犯人が荒らした形跡がノロの寝床の手前でピタリと止まっていたことから、泥棒男を一瞬引かせるくらいの防犯性能はあったのかもしれません。この件が未遂に終わったことに、ノロも微力ながら一役買っていた……かな?

白夜のバルト海クルーズだよ。ロマンチックだよ！

小さな島のあいだを
ゆっくりすすむノダ！

FILE.
24

ヨーロッパに学ぶフェリー旅の極意！

日本ではすっかり過去のものとなりつつある船旅ですが、三方を海に囲まれ、離島や入り江も多いヨーロッパでは、今もフェリーが交通の動脈として活躍しています。車で国をまたいでどこまでもバカンスに出かけてしまうヨーロッパの人々にとって、海で途切れたルートをきめ細かくつないでいるフェリーは、いわば海上の道のような存在。便数も豊富で、ドライブスルーで（下車することなく）チェックインできる場合もあり、ひょいと高速道路に乗るような気軽さなのです。

長距離の航路では、ベッドにシャワー、トイレ、Wi-Fi まで完備したキャビン（個室）を選ぶこともできます。ミニマムなスペースを立体的に使った基地のようなキャビンは、猫にはたまらない間取りのようで、ノロは2段ベッドに上がったり、窓辺に陣取ってカモメを眺めたりと大忙し。

これを使って移動が夜になるような予定を組めば、賢く1泊分のホテル代を浮かすことができます。ただし、ヨーロッパの人たちも考えることは同じで混み合うため、ハイシーズンの夜行便を狙うなら、早めの予約が必須です（日本からもネット予約が可能)。

船は、レストラン街からショッピングモール、中にはディスコやカジノまで備えたものまであり、さながら小さな街のような賑《にぎ》わいです。密室効果でやたらテンションの高いちびっ子や、ちょい古のコインゲームに興じる若者、デッキで犬と一緒に日光浴をする老人、などなどとてもいい雰囲気。フェリーの旅は、時間こそかかりますが経済的で、旅のアクセントにもなるため、僕は好んで利用しています。もちろん車でなくてもOKで、その場合は予約なしで乗れることもあるようです。

フェリーの旅には、実は裏の顔があるのです。それは免税ショッピング。特に酒やタバコの税率が高い北欧諸国を結ぶ航路には、巨大な免税店を擁する超大型のフェリーが数多く就航しており、わざわざそれ目当てで往復する人も多いのだとか。事実、エストニアと対岸のフィンランドを2時間で結ぶフェリーに乗ったところ、観光客よりも、箱買いしたビールを山積みにした人のほうが多かったくらい……。重そうなキャリーを引きずりながらも、みんなホクホク顔でほほえましい光景でした。

2015
Spain
コンスエグラ
(ラ・マンチャの風車)
黒ネコは写真ばえするノダ!

2016
Finland
タンペレ
(ピュハ湖)

しっぽがみじかいのは生まれつきだよ!

FILE. 25

ノロには外国語が通じている？

ヨーロッパでよく耳にする「プスプス」（psst psst）という呼びかけ。周りの人に気づかれないように「ねぇねぇ」と相手に声を掛ける時に使うのですが、犬や猫の気をひきたい時もこれを使います。

破裂音の「プ」が気になるのか、ノロにはこれが効果絶大。僕らもカメラ目線が欲しい時など、日本式の「チッチッチ」ではいまいちリアクションが弱い場合の隠し玉として、ヨーロッパ式の「プスプス」を使うようになりました。

猫の鳴き声のスペルは、国によって微妙な差があるものの、ヨーロッパでは「mjaou（ミヤーウ：スウェーデン）」や「miau（ミャウ：ドイツ）」のように、「m」始まりで綴《つづ》る国がほとんど。日本語の「ニャー」のように「n」始まりのオノマトペ（擬音語）で表現する国は、世界的に見ると少数派なのだそうです。

もちろんそんなことは猫たちにとってはどうでもいい話。ノロはどこへ行っても「ニャー」と「シャー！」で通しています。

FILE. 26

外国人だとビックリの「カギしっぽ」

ノロのしっぽは、短く先が曲がった「カギしっぽ」。日本の雑種猫にはおなじみのシルエットですが、ヨーロッパではかなり珍しいもののようで、「切っちゃったの？」といぶかしがられたり「事故にあったの？」と同情されたり……。いえいえ、ただの生まれつきですから。

検疫で訪れる獣医さんですら知らない先生が多く、「初めて見たよ！　生まれた時から？　ちょっと触っていい？」などと興味津々でぐりぐり握っては、ノロに「シャー！」と怒られる始末。カギしっぽは「ジャパニーズ・ボブテイル」とも呼ばれ、アメリカでは猫の一品種として珍重されているのだとか。特徴は大きな耳と顔、くりくりの目、高い頬骨、胴長、筋肉質――たしかにノロはその血筋っぽい。

要するに、顔がでかくてずんぐりむっくり、胴長短足でしっぽが短いのです。なんともマンガ的なシルエットは写真映えしていいのですが、スラリとした猫が多いヨーロッパにいる時にノロを見ると、なんだか自分自身を見ているようで、なんとも複雑な気分になるのでした。

写真を撮ると言ったら、
おもいおもいに
ポーズをきめて
くれたノダ。

2010
Syria
ダマスカス

FILE. 27

アラブ上陸は外務省で情報収集！

旅の準備にあたっては、あらゆる可能性を想定し、ネットや大使館を通じて現地の情報を集めるようにしています。シリア旅行を計画した当時は、まだシリア騒乱の起きる前で、外務省の海外安全ホームページを読む限り、現地の政情や治安面での不安要素はなさそうでした。しかしそこはノロ連れでは初めての中東社会主義国家。僕は、不安な気持ちを抑えきれず、外務省の中東アフリカ局に電話をかけてみることにしました。

「あー、猫ちゃんなら大丈夫ですよー。アラブの人はみんな猫好きですからね～」

戦地に赴くジャーナリストのような気分で電話をかけていた僕には、なんとも拍子抜けな回答でした。なんでもアラブの人たちは、犬が付くほどの猫好きなのだとか。電話口の人からは、国境事情から獣医情報に至るまで、硬軟織り交ぜて知恵を授かり、最後に「あなたはきっと彼らに囲まれますよ……」と忠告をもらいました。「へ？　囲まれる⁉」

こうしてやって来ました、シリアはダマスカスのホテル。なんと2日目にしてさっそくその忠告が現実のものとなりました。「日本から来た黒猫様ご一行」の噂《うわさ》は一夜にして従業員の間を駆け巡り、翌朝さっそく「囲まれた」のです。

部屋を出た僕らをニヤニヤと待ち構えていたのは、揃いの制服に身を包んだハウスキーパーのみなさん（ぜんぶ男）。彼らはまずノロを遠巻きに眺め、人なつっこい笑顔を丸出しにしてじりじりと距離を縮めてきます。手が届くところまで近づくや、しれっとボディタッチして一気に懐に入り、5分もかけず喉元ナデナデまでたどり着きました。さすがは外務省公認（？）の猫好き、アラブ人は猫の扱いがよーくわかっています。

ちなみに、先の中東アフリカ局の方いわく「ワンちゃんを連れて行くのは非常にマズい」とのこと。気の毒なことに、犬はアラブ社会で侮蔑の対象らしく、散歩でもしようものなら別の意味で「囲まれる」かもしれないとか……。

この旅の数年後、アラブ諸国では連鎖的な革命が起こって政情不安となり、残念ながらシリアを含むいくつかの国は、現在、ノロを連れてのんびりと旅ができるムードではなくなってしまいました。あの愛すべき猫好きたちの顔に、一日も早く笑顔が戻ることを願ってやみません。

●アラブ社会で犬が忌み嫌われることについては諸説あり、実際は異なるケースもあるようです。

町までまだ40kmあるよ。
さばくで日がくれるとやばいよ!

2007
Tunisia
ショット・エル・ガルサ

2007
Croatia
ドゥブロヴニク

夏の日なたもやばいよ！
……ボクは黒いからね！

FILE. 28

レンタカーの旅にこだわる理由とは

何かと荷物の多いノロとの旅に、なくてはならないのがレンタカー。宿から宿へ直接移動できてしまうラクさは、何ものにも代えがたいものがあります。一方、ノロ目線で見たレンタカーは「動く個室」。幼い頃から車の移動に慣れている彼にとって、手足を伸ばして寝ることができ、退屈したらほかの席に移れて、トイレも爪とぎも好きな時にOKな車の中は、ホテルと同等のリラックス空間なのです。

屋内のセキュリティパーキングに預けておけば、ノロを車内に置いて食事や買いものに出かけられるし、「最終日に空港乗り捨て」レンタルなら、ホテルのチェックアウトからフライトまで、ノロを落ち着いて休ませることだってできます。レンタカーがあれば、常に1部屋キープしているような安心感があるのです。

僕がレンタカーの旅にこだわるのにはもうひとつの理由があります。それは自らハンドルを切って道を選び、その土地にグイグイと入り込んでいく実感を味わえるから。まず見える景色が違います！　電車やバスのように景色が横を流れるのではなく、正面にどーんと広がったパノラマが、途切れることなく迫ってくるのです！　歴史ある旧市街から生活感溢《あふ》れる郊外へ。やがてのどかな田舎に変わり、その先には雄大な大自然。こんなめくるめくスペクタクルに飛び込んでいけるのですからやめられません！

疲れたらサービスエリアで休憩&買い物。ヨーロッパのそれは、日本のものと比べるとかなりオープンな雰囲気で、国をまたいでドライブしていると、お国柄やライフスタイルの変化を感じられて面白いのです。イタリアに入った途端にエスプレッソがおいしくなったり、フィンランドではマニアックなサウナグッズが充実していたり……。基本的な品揃えは共通なので、国ごとの物価感を把握するのにも役立ちます。

左ハンドルや右側通行など、レンタカー旅行のハードルが高い部分は否めませんが、車社会のヨーロッパはどこまでも車で行けるように工夫されていて、慣れてしまえば、これほど自由で経済的な移動手段はないと思えます。懸案事項だった地図読みと、国ごとに違ってわかりにくい速度制限も、高性能カーナビのおかげでついに解決。国をまたいで数百km離れたホテルでも、住所を入力すればあっさり目の前までたどり着けてしまうことには感動すら覚えます。

2011
Germany
ローテンブルク

かわいい町では
かわいくするノダ。

闘牛場は
ワイルドにいくよ!

2015
Spain
ロンダ

FILE. 29

ホテル・日程・散歩、快適旅への3ヵ条

いやな顔もせず僕らの旅に付き合ってくれているノロに、旅の間3つの約束をしています。ひとつ目は「できるだけ広い部屋をとること」。基準は猫の習性である「トイレ（のあとに興奮して）ハイ」の時、心おきなくダッシュできる広さ。20㎡以上を目安としています。オンライン予約サイトでセールを狙ったり、アパートメント（P118）に切り替えて探したりすることで、同じ予算でかなり広い部屋にありつける裏ワザも……。

ふたつ目は「余裕のある日程を組むこと」。1泊での移動を極力減らし、同じ街に2泊、できれば3泊するようにしています。3泊あればノロにとっては撮影に駆り出されることのないヒマな1日ができ、僕にとっても少し未練を残しつつ次の街へ旅立てる絶妙のタイミング。ちょうどいいバランスなのです。

3つ目は「散歩にとことん付き合うこと」。臭いを嗅ぎながら行きつ戻りつ、走るのかと思えば座り込み、飽きたら突然Uターンしてダッシュで帰宅……。まったく風情のない散歩風景ですが、ノロにとってはこれが最高の楽しみ。しもべになりきって付き添うことにしています。

FILE. 30

6ヵ国で体験、獣医さんもいろいろ

これまで6ヵ国で様々な獣医さんにかかりましたが、国は違えど、猫の扱いにはうまいへたがあるものです。心得た先生はさりげなくファーストコンタクトを済ませた上で抵抗の隙を与えず、ノロが戸惑っている間にささっと診察を済ませてしまいます。

スペインでかかったのは慎重過ぎる獣医さん。ノロの噛み癖に注意する旨を伝えたところ、スキー用の大きな手袋を持ち出してきたのですが、染みついた動物の臭いにノロが反応して泥沼状態に……。弱腰な先生ほど悪い結果を招きがちな気がします。

かと思えば、借りてきた猫のようにおとなしいことも。それは大使館や役所で紹介される、地域の環境課や試験場付きの公務員獣医さん。オフィスのような診察室には動物病院的なアルコール臭がなく、部屋の隅でグルグル鳴いているようなほかの患畜もいないため、ノロが獣医さんだと悟る前に診察が終わるのです。街から遠く不便な場所にあることが多いのですが、こんなにラクならわざわざ来る甲斐《かい》があるというもの。検疫書類の作成にも慣れているため、最近はすっかり、公務員獣医さんのファンです。

2013
United Kingdom
アイラ島

おふろのチェックは
ボクのたんとうだよ。
ゆぶねよし!

おんどよし！

2015
France
サン＝ポール＝ド＝ヴァンス

FILE. 31

ノロ流チェックインのルーティン！

疲れてホテルに到着したら、さっさとバッグの中のノロを放してバタンとベッドに倒れ込みたいところですが、その前にひとつ、いや厳密にはあとふたつ、やらなくてはならない決まりごとがあるのです。

それは部屋のチェック。うっかりノロが外に出て行ってしまいそうな開口がないか、部屋の窓が開いていないか、潜り込んで出てこられないような隙間や、調子に乗って登ったはいいが下りてこられないような高い場所がないか……等々、ノロ目線になって室内を確認するのです。

続いて、ワレモノチェック。陶器やガラス製の調度品は床に下ろすか、クローゼットの中にしまいます。ついでに花瓶の花や植物もチェックして、ノロが食べてリバースしそうなタテ繊維系の葉っぱがあったら抜いておくか、バスルームに避難させます。爪とぎをしてしまいそうな敷物やソファの上には、こちらが先回りして持参の爪とぎを配備。最後に、落ち着いてくれそうな場所にトイレと水をセットすれば準備完了。お待ちかね、ノロのリリースとあいなります。

続いては、ノロによる部屋のチェック。バッグから出たノロは、ブルブルッと身震いして室内を見渡し、「さあ、始めますよ」という感じでおもむろに、ルーティンとなった業務にとりかかります。

まずはスタスタと歩き回り、部屋全体のスケールを把握。自分用のトイレと水の場所も頭に入れている様子です。続いてベッドの下やバスタブの中、洗面台に並んだアメニティの隙間などを器用に歩き、臭いの確認と臭い付け。部屋じゅうにせっせと自分の痕跡を残していきながら、次第に納得した、満足げな顔つきになっていきます。

やがて眺めのいい窓際やふかふかのベッドの上など、その部屋の一等地に陣取って毛づくろいを始めたら、ノロにとって完全掌握の合図。この部屋が今日の家になったということです。ここまでだいたい15分ほど。その頃には僕の荷物も解き終えているので、ようやくお互いにリラックス。これで人も猫も心おきなく、完全な意味でのチェックイン完了！　となるのです。

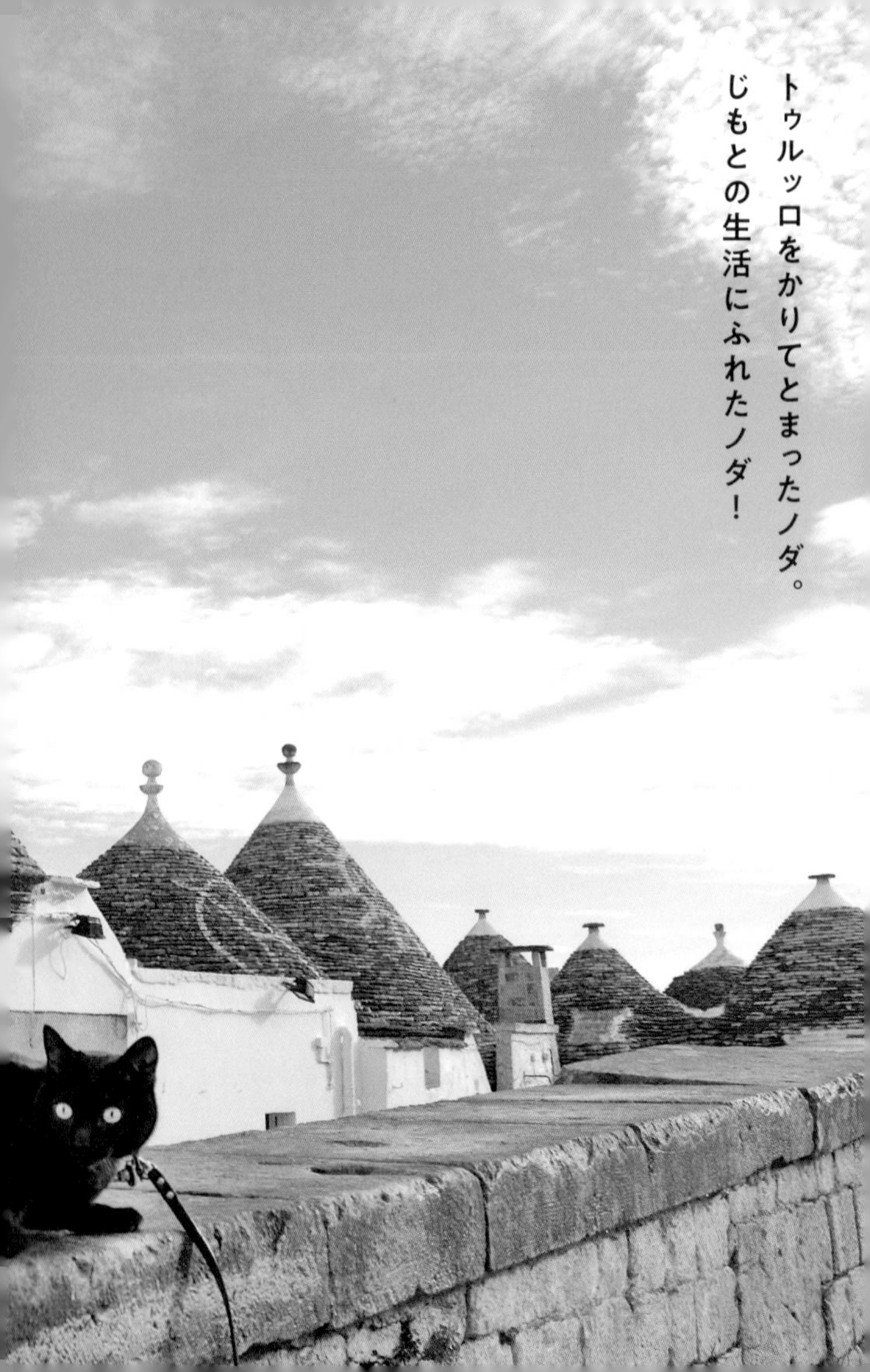

トゥルッロをかりてとまったノダ。
じもとの生活にふれたノダ！

2009
Italy
アルベロベッロ
（トゥルッリ）

FILE. 32

「家に」つく？ いえいえ「旅に」です

「猫は家につく」と言われ、自分のテリトリーを出るのは苦手、ましてや旅行なんて……と気の毒に思う方もいらっしゃるかもしれませんが、少なくともノロに関しては心配ご無用。何を隠そう、旅の間、いちばん元気なのがノロですから……。むしろ、パワーアップし過ぎであきれてしまうくらいです。

ノロは、ふだんからよく体を動かしているほうですが、旅行中はさらに運動量が増えます。新しい部屋のチェックや街の散歩といった偵察業務、異国で出合う虫や猫（の臭い）に反応しての戦闘業務、ふかふかの枕や洗い立てのシーツの感触を味わう堪能業務などなど、好奇心を刺激する対象に満ち溢れた旅先では、各種の猫業務で大忙しになるからです。

とはいえ、ホテルのソファーを占領しての昼寝にもいそしんでいるようなので、彼なりにメリハリはついているのでしょう。

こうなると、がぜん食欲もアップ！ ふだんの倍の食事をたいらげることもしばしばで、持参したフードが底をつき、旅の後半に現地で買い足す羽目になることも。当然出るほうも増えるため、トイレ用の猫砂も多めに準備しておかなくてはなりません。

旅先でムダなパワーアップを披露するノロですが、ありがたいことに、その時々で置かれた状況の把握はできているようで、「やっていいこと・いけないこと」は彼なりにパターンとしてわかっている様子。たとえば、機内ではおとなしく寝て過ごし、着陸して空港のカートに乗るとそわそわと活動開始。空港を出てタクシーに乗り、いよいよホテルが近いとわかるやニャーニャーと鳴き始めるといった具合です。

ちなみにノロには時差ボケというものがありません。現地に着いたら、あちらの時間に即順応。ホテルに着くなり立派なウンチをキメ、長時間のフライトで疲れ果てた僕にケンカをふっかけてくるなど、やる気満々です。

日本に帰国したら、懐かしさも手伝って、嬉しそうに家の中を大探検。時差の関係で、いつもよりかなり多めに食べているにもかかわらず、日本の食事の時間に合わせて、ちゃっかり器の前に座っています。帰国の翌朝も、時差ボケで朝がつらい僕のことなどお構いなし。いつもどおりの時間にキッチリ起床して、朝食をねだってくるそのタフさには、毎回あきれてしまいます。

きめ写真は
カメラを見て、
りりしくするノダ！
2013
France
ル・モン・サン＝ミシェル
（モン・サン＝ミシェル）

ここは、
とおりすがりのネコみたく
しぜんに撮ってね!

FILE.
33

国際紛争⁉ ビビり猫のケンカ武勇伝

ノロは典型的なビビり猫。決して気性が荒いわけではないのですが、僕が放任し過ぎたせいもあってか、今までに旅先で2度ケンカをやらかしています。

初戦は沖縄、2戦目はスペインのアンダルシアで、いずれも泊まっていた宿のボス猫との対戦です。相手はきちんと間合いを取ってノロに近づいてくるのですが、ビビりなノロがこらえきれず「シャー!」と反応してしまい、一気に白兵戦になってしまうパターン。こうなるとノロはパニック状態となり手が付けられません。慌てて仲裁に入る僕が血を見る羽目になります。

結局、1、2戦ともノロは完敗。直後の彼の必死の毛づくろいぶりを見ると力の差は歴然でした。さすがにノロが気の毒なのと、流血沙汰はもうカンベンしてほしいので、スペイン戦を最後に現地猫とのコミュニケーションは差し控えるようになりました。

今でも、玄関や自動車のバンパーについた現地猫の臭いには要注意。散歩中にそれを嗅ぎ過ぎるとバーチャル戦闘モードに入ってしまい、やんちゃな頃のノロが戻ってきてしまうからです。

FILE. 34

街に潜む意外な天敵はあの音

ノロにとっていちばんの天敵は野良猫ですが、もうひとつ、どうしても克服できないものがあります。それはディーゼルエンジンの音。バスやトラックから聞こえる、あの「ガラガラガラ～」という低い音が大の苦手なのです。

外出好きで、散歩ではぐいぐいリードを引っ張るほどの積極性を見せるノロですが、「ガラガラガラ～」を耳にするや一目散に物陰へと隠れ、固まってしまいます。ノロの撮影は人気のない早朝に済ませるようにしているのですが、この時間帯はちょうどゴミ収集や搬入の車といった「天敵」たちの活動時間と重なるため、鉢合わせにならないよう、うまくやり過ごしながら撮影を進める必要があります。

また、ヨーロッパでは、普通車もディーゼルエンジンが多く、レンタカーがそれに割り当てられることもしばしば。ノロはさぞかしいやだろうと思いきや、これが不思議なもので、ひとたび車に乗ってしまえば平気なよう。何ごともなかったようにふんぞり返って寝ています。こういうのを見るにつけ、猫というのは、神経質なのか鈍感なのかよくわからなくなります。

2015
France
ボルム＝レ＝ミモザ
すてきなげんかんをみつけたノダ。
においつけしとくノダ！

今日はヒュッタにとまるノダ。
はりきってチェックするノダ！
2004
Norway
モー・イ・ラーナ

FILE. 35

北欧の旅はアパートメントとヒュッタで

物価の高い北欧では、同じ予算では相対的にホテルの選択肢が狭まってしまいがち。さらに、他のヨーロッパ諸国と比べるとペット可の宿も少なくなります。田舎に足を延ばすと、この傾向はさらに顕著となり、宿選びで残念な思いをすることもしばしばなのですが、そんな時は「アパートメント」と「ヒュッタ」がおすすめ。いずれも広大な北欧を満喫しつつ、経済的に旅をするための強い味方になってくれます。

「アパートメント」は、いわばキッチン付きの滞在型ホテル。ルームクリーニングが週に1回だけだったり、フロントに人がいなかったり、ホテルと比べるとほったらかし気味のサービスですが、何より部屋が広いことが、僕らにとってもノロにとっても嬉しいメリット。もともと家族で長期滞在することを想定した設計のため、調理道具や食器も備え付けで、ランドリーやサウナまで付いていることがあります。うまく使いこなせば、まるで北欧に暮らすように旅ができるのです。

「ヒュッタ」は、バンガロースタイルの貸別荘。ちびっ子たちが大喜びしそうな小さなログハウスの中には、2段ベッドにミニキッチンがちんまりとつくり付けられています。正面がウッドデッキになっていることも多く、長い白夜を、みんなでここで語らいながら過ごすのです。そんな可憐《かれん》なヒュッタの多くは、DIY好きな北欧のお父さんたちによるセルフビルド。敷地内をうろうろしている大家さんを見つけて話しかければ、愛情溢れるこだわりポイントや製作の苦労（&自慢）話を聞くことができるかも。

ヒュッタがあるような田舎を旅する時に要注意なのが、マダニ。北欧からロシアにかけての自然豊かなエリアは、脳炎を媒介するマダニの棲息地《せいそく》で、これに噛まれると人も猫も命に関わる危険が！　北欧ではワクチンを接種している人も多く、スーパーで犬猫用のダニ除け首輪なども販売されています。特に、バカンスで自然に触れる機会が多い夏になると、空港の入国ゲートから電車のラッピング広告に至るまで、あちこちにキモかわいいマダニのキャラクターが登場して注意を呼びかけているほど。僕は、田舎や郊外の森に出かける時は長袖長ズボンで完全防備。ノロも、マダニ除けのフロントラインをした上で、外出帰りにブラッシングするなど、万全の対策をしていました。

2007
Turkey
イスタンブール
（ブルーモスク）
ブルーモスクです。
トルコじまんのモスクだよ！

2016
Latvia
カルリ

フラワーポットです。
このやどじまんのお庭だよ!

FILE. 36

訪れた37ヵ国を猫目線で駆け足紹介②

モロッコ、チュニジアには、ヨーロッパ諸国のリゾート地的な側面があり、フランス、スペイン、イタリアからのアクセスも良く、気軽に訪れることができます。ペットを連れたバカンス客を多く受け入れていることもあって宿泊も問題なし。とはいえここはアフリカです。風土病などのリスクを考慮し、外出から帰ったら全身をウェットティッシュで拭くなど、ノロの衛生面には気をつかいました。

エジプト、シリア、ヨルダンといった中東諸国は、空港はもとより道路やホテルなどの要所に厳重なセキュリティチェックがあり、猫を連れて旅をするには、アラビア語で追認された検疫書類を携えるなど万全の準備が必要となります。ヨーロッパと比べると犬猫連れで宿泊可能なホテルは減りますが、それでも日本よりはずっと多い印象。ちなみにアラブ人は無類の猫好き（Ｐ94）とあって、街は野良猫だらけです。特にトルコのイスタンブールは世界一の野良猫共存都市だと思います。

いずれも２００７～10年当時のことで、アラブ情勢の変化に伴い、現在状況が大きく変わっている可能性もあります。

ロシアは、サンクトペテルブルクを訪れましたが、現在はフィンランドから、なんとペット専用席のある特急電車で入国することができます。当地に限って言えば、2011年当時は好景気で治安の心配もなし。ロシアのブロンド美女からは「This black cat, Kawaii〜!」などとほめられ、いい気分でした。

ソビエトからいち早く独立を果たしたエストニア、ラトヴィア、リトアニアのバルト三国は、豊かな自然や中世の街並みを残しつつ、現代的な文化を融合して独自の発展を遂げています。もともと温和な国民性でもあり、現在はヨーロッパ随一と言われる治安の良さ。ちなみにラトヴィアの首都・リガには、「猫の家」という有名建築がある関係で、猫をモチーフとした民芸品や土産物がたくさんあります。

こうして、行った国を指折り数えるようになると、小国を訪れて「渡航国数自慢カウンター」をひとつでも上げたくなるもの……というわけで、リヒテンシュタイン、サンマリノ、ヴァチカン、モナコといった小国もせっせと訪れています。

これらの国はどこも例外なくリッチで、治安面の心配はゼロ。コテコテの土産物屋でご当地ステッカーを買い求めては、ノロのトロリーバッグにちまちまと貼っていくのを小さな生き甲斐としています。

2009
Austria
ウィーン
（ホーフブルク宮殿）

いてつくさむさだよ!

すあしだからね……。

FILE. 37

話し好きなヨーロッパの人々とノロ

おしゃべりな人が多いヨーロッパでは、バスや電車で隣り合わせた赤の他人同士で、唐突に世間話が始まってしまうことも珍しくありません。そんな彼ら（彼女ら）にとって、日本人であり、かつ猫連れの僕はツッコミどころ満載。行く先々でいろんな人から声を掛けられます。

ビートルズのレコードジャケットで有名なアビーロードで記念撮影をすべく、ノロを肩に乗せて何回も横断歩道を往復していた時のこと。自転車に乗ったホットパンツ姿の女性が急ブレーキで止まったかと思うと、いきなり声を掛けてきました。

「会社でイヤなことがあったんだけど、あなたたちを見たら、全部吹き飛んだわ！」かなり唐突なつかみで割り込んできた彼女をよく見ると、キャメロン・ディアス似の知的な美女ではありませんか。自転車用のヘルメットをかぶったまま、彼女は矢継ぎ早に続けます。「検疫とかどうなの？」「そっか、オリンピックの時に緩和されたのね～」「でも日本に帰るの大変じゃないの？」……。

動物検疫オタクの僕にしてみれば、このあたりの英語解説はお手のもの。そこだけ異様に淀《よど》みない英語で対応することができるため、話はどんどん盛り上がります。定番の村上春樹ネタ（P30）から会社のグチへと話題は移り、お疲れ気味だった彼女もすっかりゴキゲンになりました。

「今日はいろいろあったけど、最後にいい日になったわ。ノロ君、ありがとね！」。ホットパンツ姿のキャメロン・ディアスは風のように去って行きました。一介の旅行者がロンドンで美女のグチを聞く光栄にあずかれたのは、ノロのおかげ。猫好きに悪い人はいない……とまでは言いませんが、人を、思わず「素」の状態にゆるめてしまう、猫の「ほっこり力」に国境なし！　といったところです。

ヨーロッパ（特にラテン系）の人々のおしゃべり好きには、沈黙恐怖症ともいえる防衛本能的な側面がある、とフランス在住の日本人に聞いたことがあります。多様な人々が暮らす社会でいらぬ争いを避けるための自衛手段として、「私はあなたの敵じゃないですよ」と、自ら率先しておしゃべりすることで表現しているのだとか。

なるほど「猫連れでツッコミどころ満載」というのは、少なくとも「こいつは安全だ」と思わせるには十分なイデタチなのだと思います……。

りっぱなホテルはベッドを
見ればわかるよ！

2015
France
サン＝ポール＝ド＝ヴァンス

まくらがたくさんあるのはいいね。

シーツが
あつくてふんわりしてたら、
まちがいないね！

2013
United Kingdom
インヴェラレイ

FILE. 38

猫にだってパスポートがあるんです

猫にとって人間のパスポートに当たるのが、日本を出国する際に、検疫所で発行される「輸出検疫証明書」。これには、動物の種類（当然、ＣＡＴ）から始まり、名前、品種（雑種はＭＩＸ）、毛色、性別、生年月日、航空機便名、飼い主の住所氏名、健康診断の結果、マイクロチップの番号、狂犬病抗体検査の結果等々、動物に関わるすべての情報が記載されています。

Ａ４の紙切れなのですが、エンボスの公印が押された立派な公文書。渡航先でノロに関わる手続きはすべてこれをベースに行われ、万一紛失してしまうと、移動どころか帰国までできなくなってしまうという最重要書類。なので、目立つ赤いファイルに入れて肌身離さず持ち歩き、ホテルでは金庫に入れて保管しています。

ＥＵでは、これらの情報をまとめた、その名も「ペットパスポート」なるものがあり、それを持っていればＥＵ内を自由に移動できます。ＥＵブルーのパスポート風デザインでとてもかっこいいのですが、残念ながら発行はＥＵ居住者のみ。動物病院などで目にするにつけ、ノロのしょぼい紙切れと見比べながら、いつも羨ましく眺めています。

FILE.
39

食事と水は現地調達でもオッケーです

キャットフードは、ふだん食べているドライとウェットを日本から日数分持参しています。旅行中のノロは決まって食欲が旺盛になり（P110）、これだけでは足りなくなることが目に見えています。よって、適宜途中で買い足しながら旅をすることになるのですが、銘柄の選《え》り好みがなく、今のところ食事制限もないため、現地調達となっても困ることはありません。ヨーロッパの猫缶には「ツナのテリーヌ」のようなコテコテなものが多いのですが、ノロはこういうバタくさい味が大好き。たまにローテーションに加えてやると、鼻をふがふが言わせながら喜んで食べています。

ノロ用の水は、現地でミネラルウォーターを購入。現在、ヨーロッパの多くの国では水道水をそのまま飲んでも大丈夫なようですが、マグネシウムやカルシウム分が多い硬水なので、日本人には（たぶん日本の猫にも）刺激が強く、お腹《なか》を壊すこともあるよう。硬水は煮沸させると前述の成分が抜けて軟水化します。水道水や硬水のミネラルウォーターが口に合わない時は、ホテルのポットで沸騰させると飲みやすくなりますよ。

夜になったら、
ぜんぶ片付けていたノダ。
お店の人は毎日たいへんなノダ。

2015
Spain
ロンダ

FILE.
40

犬猫に馬も⁉ ヨーロッパ流のバカンス

「ヨーロッパのバカンス」と聞くと、とかく優雅な光景を想像しがちですが、その実態はというと、かなり庶民的。なにしろ、ごく普通の家庭が3週間から1ヵ月の夏休みを取るのです。そんな長期間、大人数の家族で過ごすとなれば、経済的にも手間的にも、いろいろと現実的になってくるわけです。

バカンスは年に1回、7~8月に職場内で交代で取得するようです。キッチン付きの宿を借りたり、親戚一同で共同購入した田舎のコテージに滞在したり、キャンピングカーで旅をしたり、過ごし方は様々ですが、共通しているのはその荷物の多さ！とにかく何でもかんでも家から持って行くのがヨーロッパ流で、家族や犬猫はもちろんのこと、トイレットペーパーからママチャリまで、生活道具一式を満載して楽しげに移動している車をたくさん見かけます。

小さい車に乗る人が多いため、積みきれない大荷物をトレーラーで牽引《けんいん》するのもヨーロッパ流。そんな中、工事現場の仮設トイレのような、背の高いトレーラーを見かけることがあるのですが、実はこれ、馬を運んでいるのです。

ドイツやスウェーデンでは、犬や猫を飼うのと同じ感覚で、馬を家族に迎えるらしいのですが、さらに驚くことに、その飼い主となるのは、なんとティーンの女の子たちなのだとか……。

なんでも、馬は彼女たちの超人気アイテムで、まるでアイドル本のような馬の雑誌や、ゲームの飼育ソフトまであるそう。当然、「パパ、ママ、バカンスは馬も一緒よ！」となるのでしょう。

そんなわけで、夏のサービスエリアは、思い思いに楽しむ家族連れやカップル、さらに大小のペット（馬も含まれる……）まで加わっての和気あいあい状態。見ず知らずの人同士でも、目が合えば思わず笑顔がこぼれてしまいます。

ドイツでは、なんと水鳥を連れた愛鳥家を発見。どうやらアヒルの子のようで、ケージを覗き込みながら「かわいいね～」と近寄ったところ、露骨に迷惑そうな顔をされてしまいました。たぶんあの子たちは食用だったのだと思います……。

番外編　日本を旅する黒猫ノロ

FILE. 41

「ステイ・ホーム」も「旅」もノロには同じ⁉

2020年の夏はフィンランドとバルト3国のサウナを巡る旅を計画していたのですが、COVID－19の影響で中止に。翌21年は「せめて国内へ！」と北海道ドライブ旅を準備するも、感染拡大を受けてこれも直前にキャンセル。19年夏のスイス、ドイツ、フランスへの旅から丸2年。ノロとの生活の中でここまで旅の間隔が空くのは初めてのことです。

旅行はおろか出張から日々の買い物まで、あらゆる外出や対面の機会が減ってしまった「ステイ・ホーム」。おかげでいつもよりたくさん声を掛けたり、念入りにブラッシングしてあげたり、一緒に散歩に行ったり、ノロとの時間をゆったり楽しむことができています。

旅行の間ノロがいつもご機嫌でいてくれるのは「旅行中はいつも家族がそばにいて、自分のことをかまってくれる（から嬉しい）」という甘えん坊ゆえの理由があるのですが、そういう意味では、ノロにとって「旅」と「ステイ・ホーム」は、共通点の多い嬉しい状況なのかもしれません。そんなノロ目線で捉えると、僕らには不自由な「ステイ・ホーム」も、なんだか特別な時間のように思えてくるのでした。

FILE.
42

日本でも堪能するロードサイドホテルの旅

国内の車旅の機会が増えた関係で、最近知った素泊まりのロードサイドホテルチェーン「ファミリーロッジ旅籠屋《はたごや》」。犬を飼っている方には有名なペットOK宿なのですが、なんと猫も宿泊OK！　それを売りにするのではなく「ペットは家族」のポリシーのもと、あくまで自然なサービスとしているところに僕は大いに共感しています。

どこも共通の内外装は味気ないと言えばそのとおりなのですが、ロングドライブの果てに到着した時などは、この勝手知ったる安心感がありがたいのです。同じ理由から、かつてヨーロッパのモーテルチェーンを愛用していた僕としては「ついに日本でも！」と嬉しくなりました。日本離れした間取りとベッドの広さも嬉しいポイントで、ノロも伸び伸びと過ごすことができます。

少々マニアックな話になりますが、旅籠屋はフランチャイズ・チェーンではなく、すべて直営店。住み込みの正社員2名のカップルで運営するきまりだそうですが、どの店でもフロントで交わされる会話や掲示板の情報などから、旅を愛する自由な雰囲気が感じられるところも僕は気に入っています。ペット可の部屋は限られているので、事前の確認をお忘れなく。

2021
Japan
石川県金沢市
（長町武家屋敷）

自転車でさっそうと観光するノダ!

実家じゃないよ、旅館だよ！
2017
Japan
石川県珠洲市

FILE. 43

猫ＯＫの宿を探し当てるには検索に工夫を

ノロとヨーロッパ旅行を続けてきた理由のひとつが「素敵なホテルに猫連れで泊まれるから」。日本では「素敵」はおろか、猫ＯＫの宿を見つけるだけでもたいへんなのです。「それなら海外に出るほうがよっぽど自由で気楽！」となり、ノロとの旅と言えば海外ばかりになりました。

しかし今はコロナ禍まっただ中。海外に行けないとくさっていてもしようがないので「国内で徹底的に探してみよう！」と頭を切り替え、あの手この手で素敵な宿を探しています。旅する猫が増えることを願って、僕らが編み出した猫ＯＫ宿を探しだすコツをお教えしましょう。

【コツ1：検索の「裏」を読む】Ｗｅｂのホテル検索で「地域名＋ペット同宿」でサーチ。いきなり「猫」で探さず、まずは条件を「ペット」にまで広げます。リストアップされた宿の多くは「※犬に限る」の注釈があるのですが、そこであきらめず、逆にその注釈がない宿に目を付けます。見つけたら、その宿のホームページを探し出して詳細を確認。そこにも「犬」の注釈がなければ、脈アリのお宿です。この先はメールではなく直接電話をして事情を話し確認します。断られる場合もありますが、僕らはこの方法で何軒か良い宿に巡り会えました。一見裏ワザ的ですが、宿の方にもきちんと調べて問い合わせていることが伝わり、結果的に好意的に迎えてもらえました。

【コツ2：オーベルジュを探す】「オーベルジュ」は郊外や地方にある宿泊設備を備えたレストラン。食事がメインで宿はあくまで付帯サービスのため、ホテル検索サイトから見つけにくいこともあります。フランス発祥とされているため、自身のオーベルジュでヨーロッパ的なライフスタイルを体現されているオーナーシェフが多く、そういった世界観の中で、彼の地のように犬も猫も家族として歓迎してもらえることが多いのです。料理はやはりフレンチが多いようですが、最近は和食系のオーベルジュも増えています。

【コツ3：民泊は新たな選択肢！】

Airbnbなどの民泊にはペットOKを売りにして差別化している宿も多く、今や宿選びの選択肢のひとつになりました。ホテルと同じで犬に限る宿も多いのですが、予約前にホストと交渉できるため、そこでOKをもらえることも少なくありません。さらにAirbnbはゲストとホストが互いに評価《レビュー》しあうシステムで、ホストから得た評価がそのまま自分の信頼につながります。気に入った宿の常連になったり、良い評価を積んでホストとの交渉をしやすくできるなど、新しい宿探しの可能性を感じています。

山のホテルに
ワーケーションにきたノダ！

2021
Japan
長野県茅野市

2021
Japan
長野県北佐久郡

オーベルジュは
朝も夜もごちそうらしいよ!

猫と世界を

旅する時に大切な

25のポイント

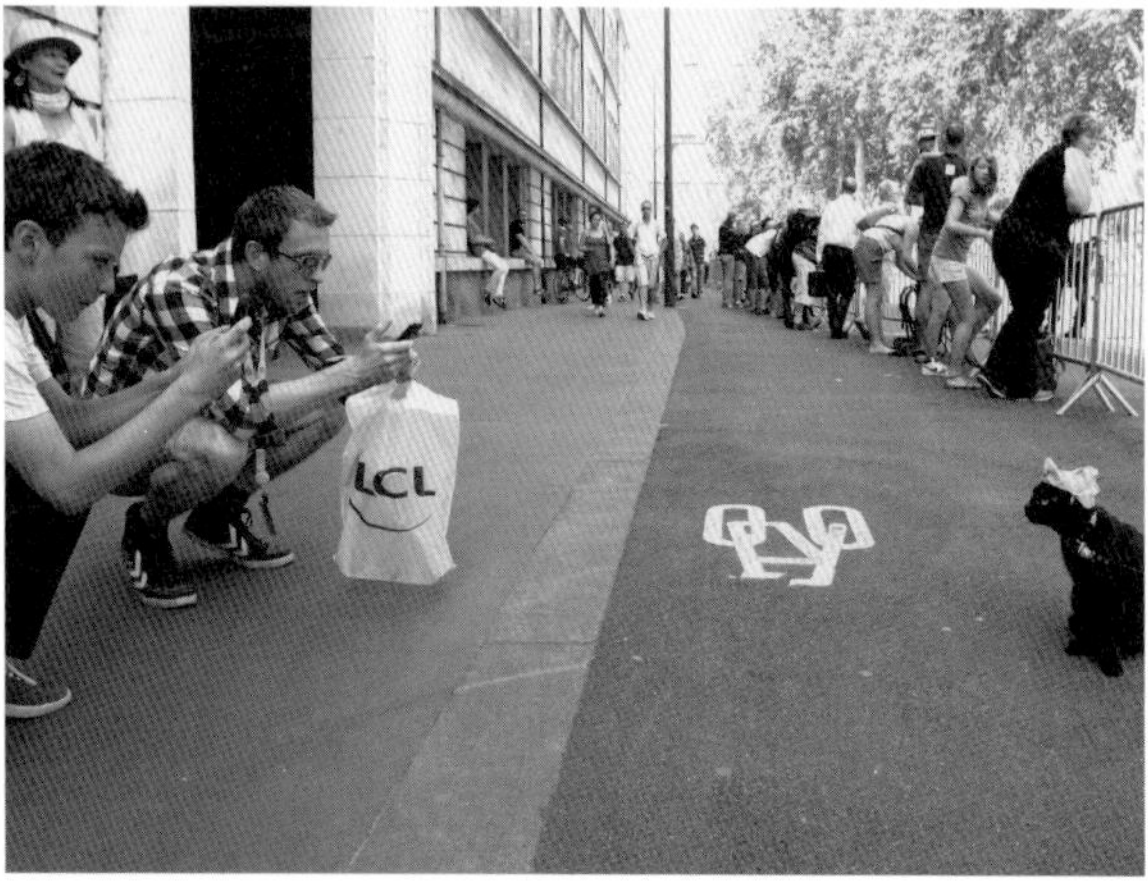

№ 1

街で人とふれあう時のコツは？

A

常に猫に寄り添っておく。見知らぬ人に囲まれて不安にならないように。

B

「猫を飼っている」という人には特に注意する。猫が臭いに反応するため。

C

写真には快く応じる。猫がカメラ目線になるよう「プスプス」（P90）で活性化！

№ 2
首輪とリードの工夫

A

旅の前に新調する。
万が一、旅先で切れるなどしたら
致命的なので、念のため。

B

鈴を付ける。
ホテルの部屋で居場所が
わからなくならないように……。

C

迷子札を付ける。
メールアドレスと携帯電話の
番号を入れておけばバッチリ！

№３

荷物を
コンパクトに
するには？

A

かさばるのは食事用のボウル。
ぺしゃんこになるシリコン製の
ものがおすすめ。

B

流用できるものを考える。
僕は番重トイレ（P34）の
フタを食事トレーに！

№ 4

健康管理で気をつけていることは？

A

水は市販のボトル入りを。ヨーロッパの水道水は比較的安全だが、硬度が高く胃腸への負担が大きい。

B

旅先で食欲がUPする猫なら、ごはんはふだんより多めに用意（がまんはさせない）。

C

数日に1回、移動も外出もない完全休息日を。

№ 5

バスや鉄道でいい子にさせるには？

A

乗る前に
待合室で
散歩させておく。

B

可能であれば
バッグから出し
一緒に席に座らせる。

C

お気に入りの
おやつを
常備しておく。

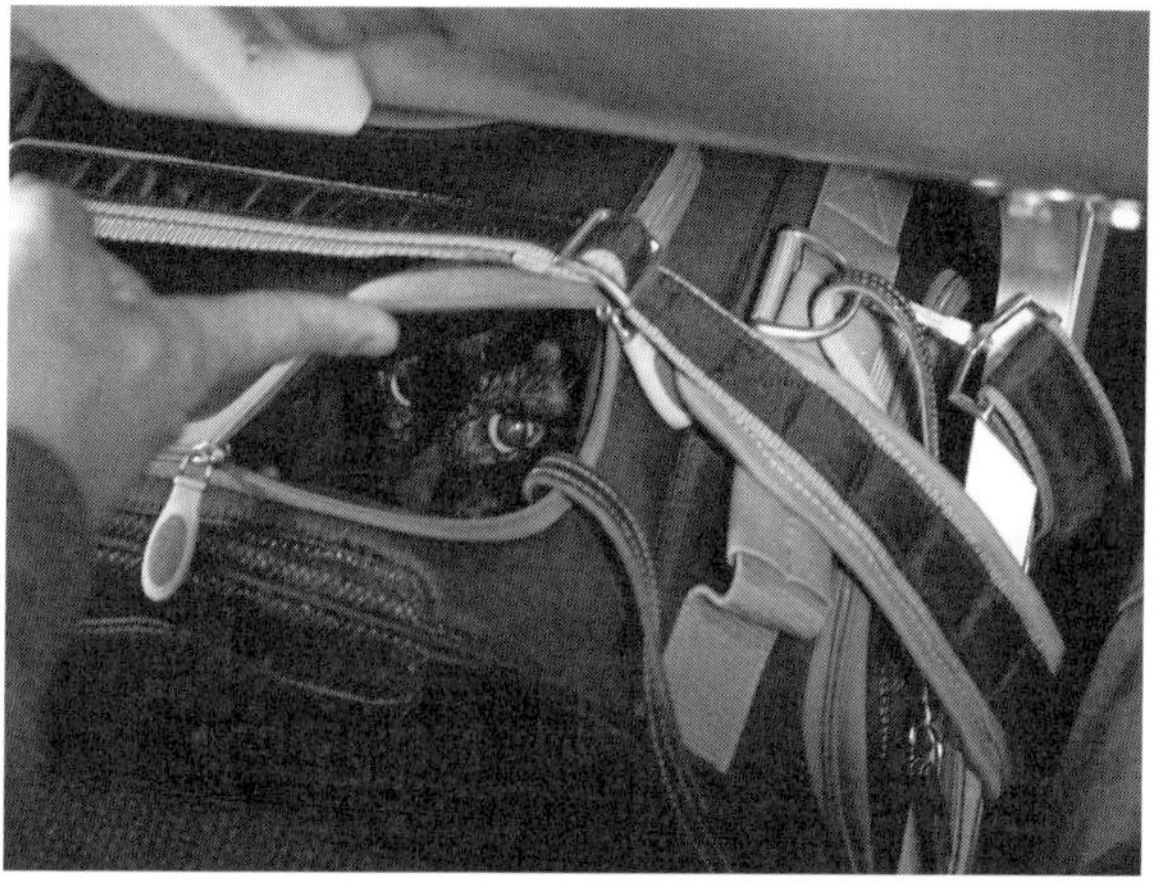

№ 6
飛行機でおすすめの席は？

A

相席の可能性が少ない席。相席になった方には猫アレルギーの有無を確認。

B

プレミアムエコノミー。猫連れにとって足もとの＋10～20㎝の差は大きい！

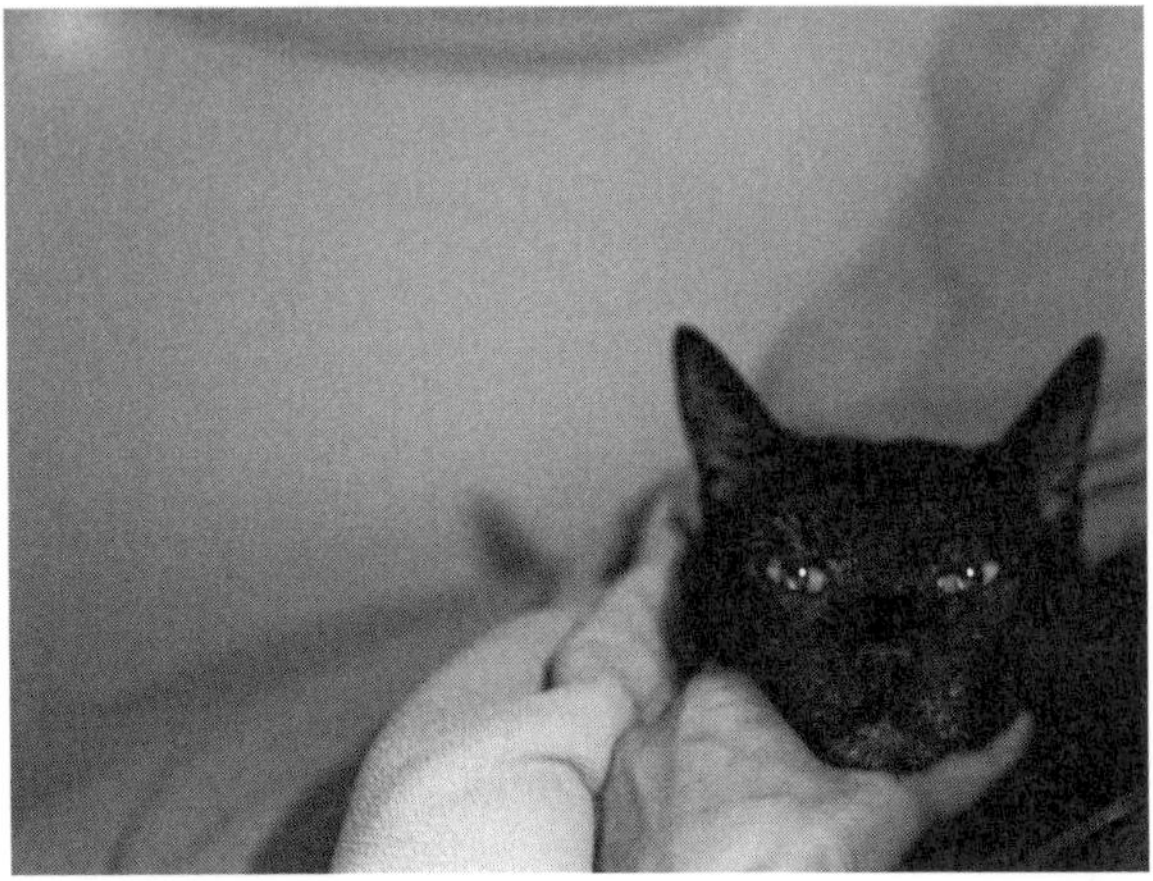

№ 7

機内で鳴き出した時は？

A

トイレか空腹を疑う。トイレを出したり、おやつを与えて反応を見る。

B

ブラインドが開けられない夜間は、ギャレー付近の窓まで連れていく。外を見せる。

C

気分転換で散歩させる。ギャレーの周りを散歩させてもらえることも……。

№ 8

機内で注意したいこと

A

猫のトイレサインを
聞き逃さないように。
ヘッドフォンは片方だけにする。

B

鼻の乾燥に注意。
水を飲ませるか
鼻に水をつけてやる。

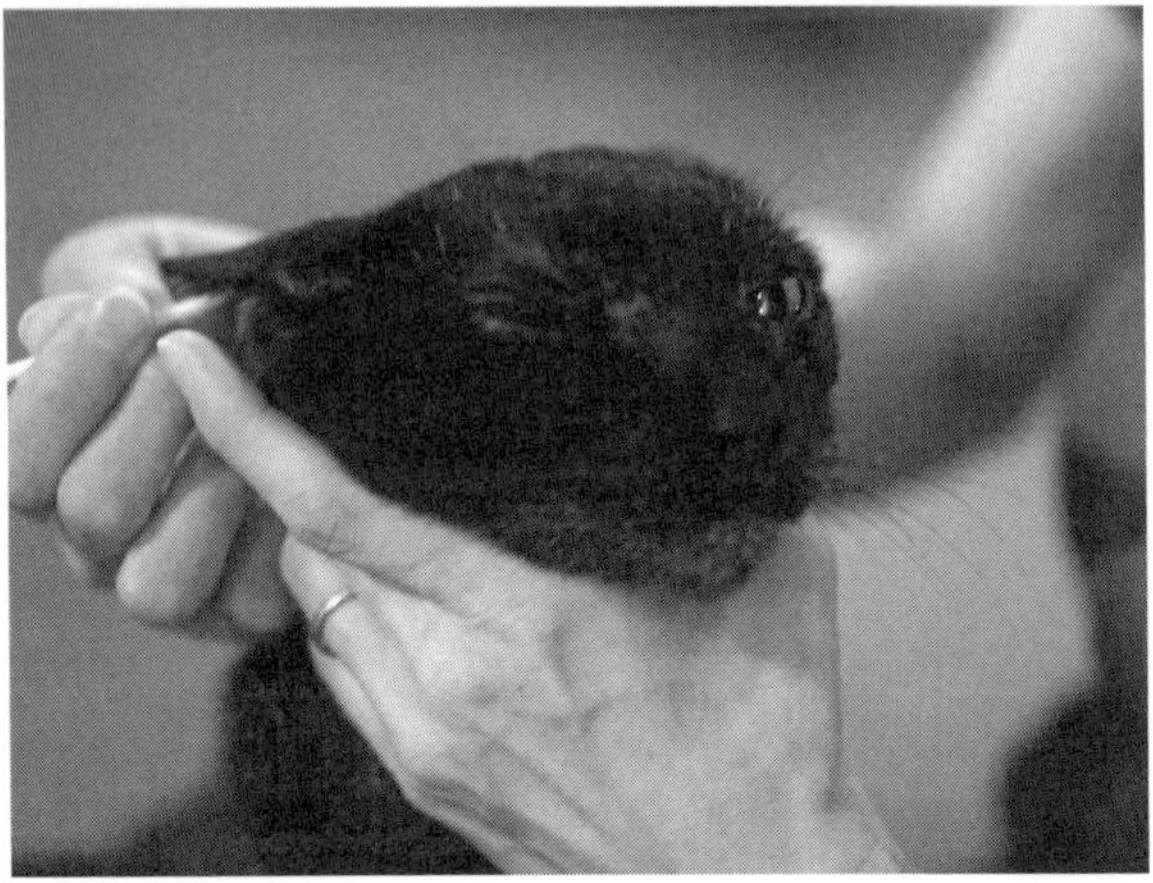

№ 9

旅先の特別な
お楽しみは？

A

ふかふかの
ベッドで
極楽昼寝タイム。

B

アメニティの綿棒を
ふんだんに使って
耳掃除。

C

バタくさい
洋物猫缶！

№ 10

お店で気にしておくべきことは？

A

入り口に「ワンコ進入禁止」と書かれてないことをチェック。

B

まずは、バッグに入ったままフタだけ開けて環境になじませる。

C

店を出る時には「ありがとう」のあいさつを。

№ 11 海外のペットショップでおすすめのアイテムは？

A

猫砂用スコップ。日本ではあまり見かけないシンプルで機能的なものがある。

B

缶詰。ゴージャス系、オーガニック系など、よりどりみどり！

C

犬の散歩用ゴミ袋。ロール式で切り離し、口が縛れる使い捨て袋はいろいろと便利。

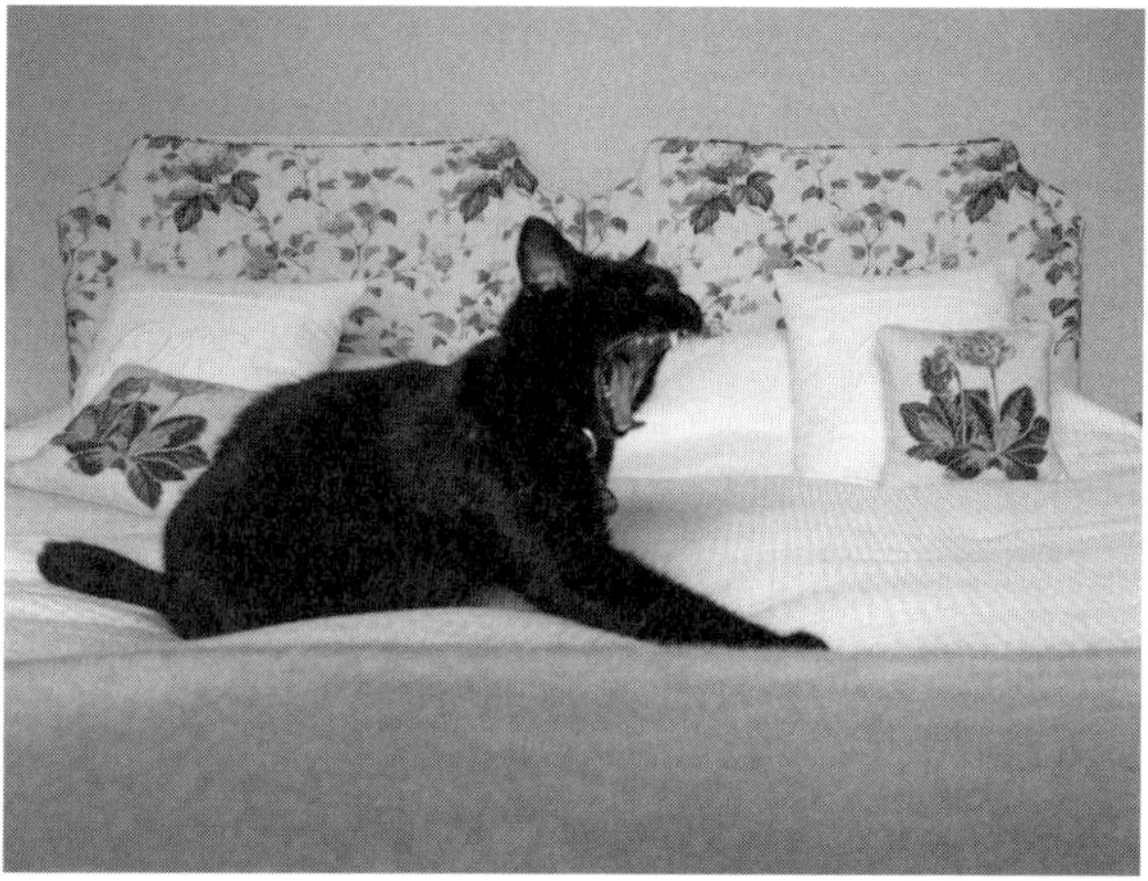

№ 12

旅先でご機嫌にさせるために

A

ベッドは人が寝るまでノロが優先。

B

乗りもので席に侵入してきたらシェアしてあげる。人が我慢。

C

散歩にはとことん付き合う。

№13

自動車内のお気に入りの場所

A

助手席の
足もと。
（ぬく〜♥）

B

後部座席に置いた
爪とぎの上。
（リラックス〜♪）

C

ダッシュボードの上で
フロントウィンドウかぶりつき。
（エキサイティング〜★）

№ 14

爪とぎはどうしてるの？

A

お気に入りの爪とぎを日本から持参。
ヨーロッパには
段ボール製のものが少ない。

B

ホテルのカーペットや
ソファの近くにこれを置き、
先回りして防衛！

№ 15

アウトドアで注意すべき動物・生物は?

A

マダニ。ブラッシングとフロントラインで自衛を。北欧とロシアは特に注意!

B

ワイルドな犬。大柄な狩猟犬や野犬に注意。特にルーマニアは野犬が多い。

C

ボス猫。いかにもアウェー風情な日本の猫は目を付けられているはず。慎重な行動を。

№ 16

猫砂を長持ちさせるには？

A

少なめに入れて、こまめに交換する。

B

底に脱臭パッドか新聞紙を敷いておく。

C

時々、天日干しにする。

№ 17

外での
おもらし
対策は？

A

大判のスカーフなど、
常に何か布モノを
持っておく。

B

キャリーバッグの底に
犬用吸水シートを敷いておく。
その上にはブランケット。

C

「モバイルトイレ」を持ち歩く。
これに慣れれば、
おもらしの不安は解消！

№ 18

ホテルで
留守番させる
時は？

A

「DO NOT DISTURB」
（起こさないで）の
札を掛けておく。

B

部屋の掃除をしないように、
フロントとハウスキーパーに
伝えておく。

№19

ホテルの部屋くつろぎ度目安

A

窓べで外を眺めてぼんやり（くつろぎ度＝ぼちぼち）。

B

ベッドの上で香箱《こうばこ》座り（くつろぎ度＝いいかんじ）。

C

ソファーの上で腹出し寝（くつろぎ度＝最高！）。

№ 20

ホテルのトラブルあるある

A

滑りやすいバスタブ。水をためた浴槽に滑り落ちたことあり……。

B

ベッドの下。ほふく前進でもぐったまま出てこない、ほこりまみれ……。

C

高さのあるクローゼット。調子に乗って登ったものの下りられず……。

№ 21

海外の獣医さん&お役所アポイント必勝法

A

ホテルのスタッフに電話してもらう。かかりつけの獣医を紹介してくれることも。

B

大使館・領事館で信頼できるところを教えてもらう。

C

獣医さんや役所の担当者の携帯番号を聞き、ＳＭＳで直接やりとり。返信が早く記録も残って確実！

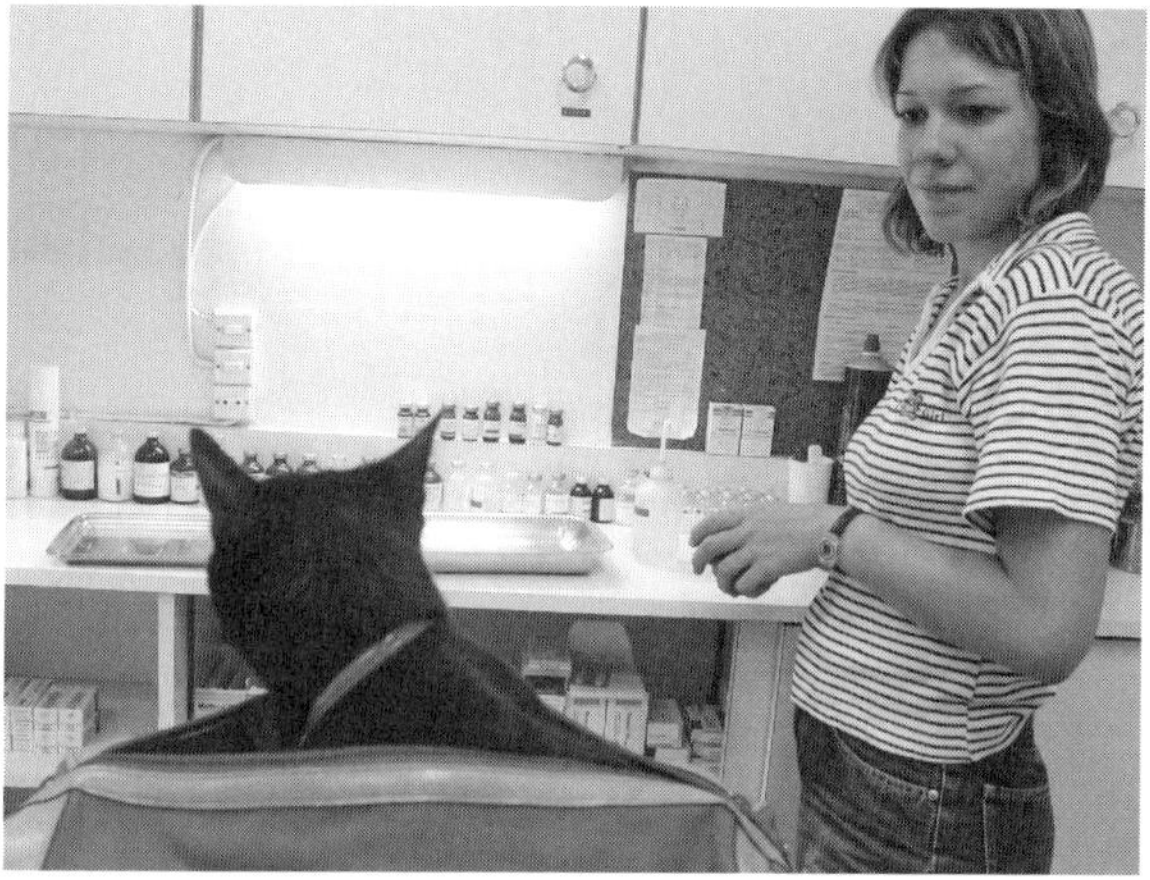

№22

海外の獣医さん&お役所アポイントあるある

A

英語で話し始めた途端、電話ガチャ切り……。

B

「明日からバカンスで1ヵ月休みます」……。

C

引っ越していて、もぬけの殻……。

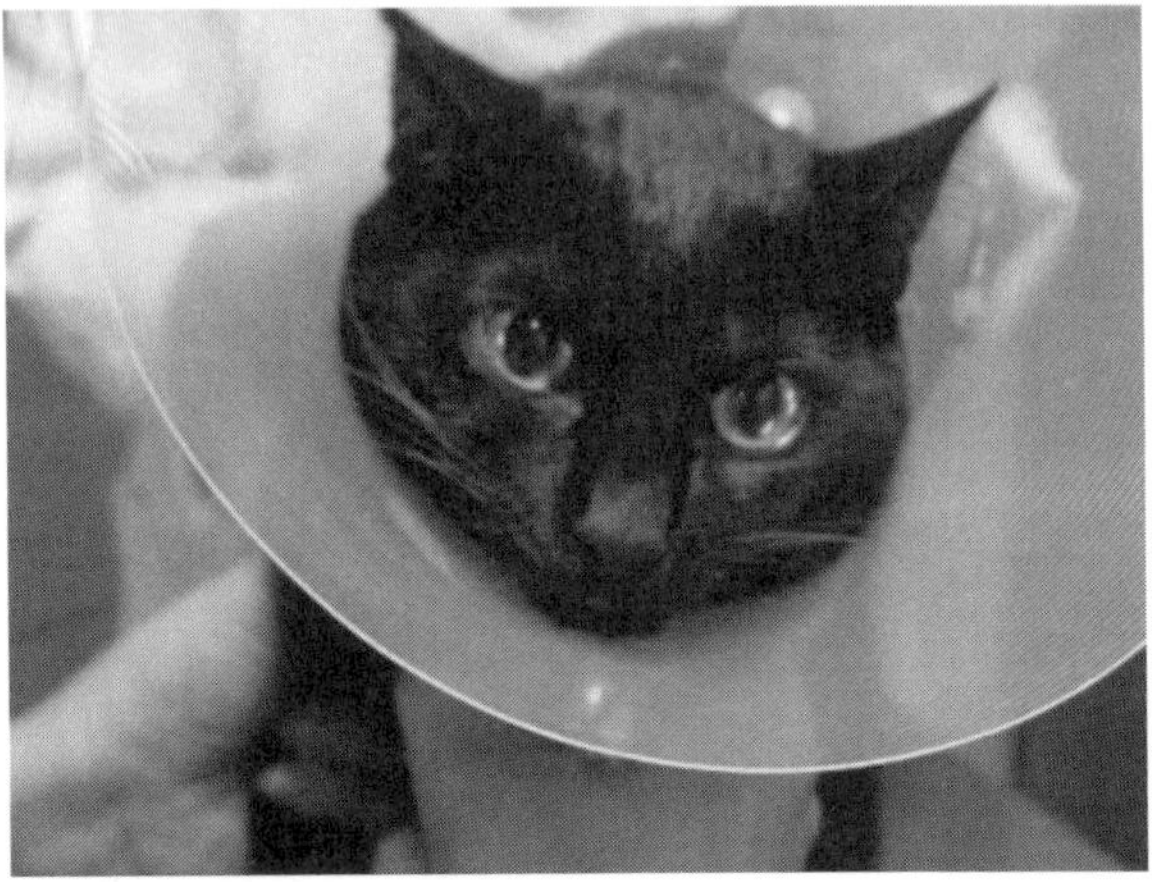

№23

日本の動物検疫3つのルール

A

マイクロチップ。
米粒大のICチップを首すじの皮下に埋め込む。

B

2度の狂犬病接種。
LOT番号を忘れずにメモしておくこと。

C

抗体価の検査。
国内の獣医さんで血清を採取し、指定の検査施設へ送ってもらう。

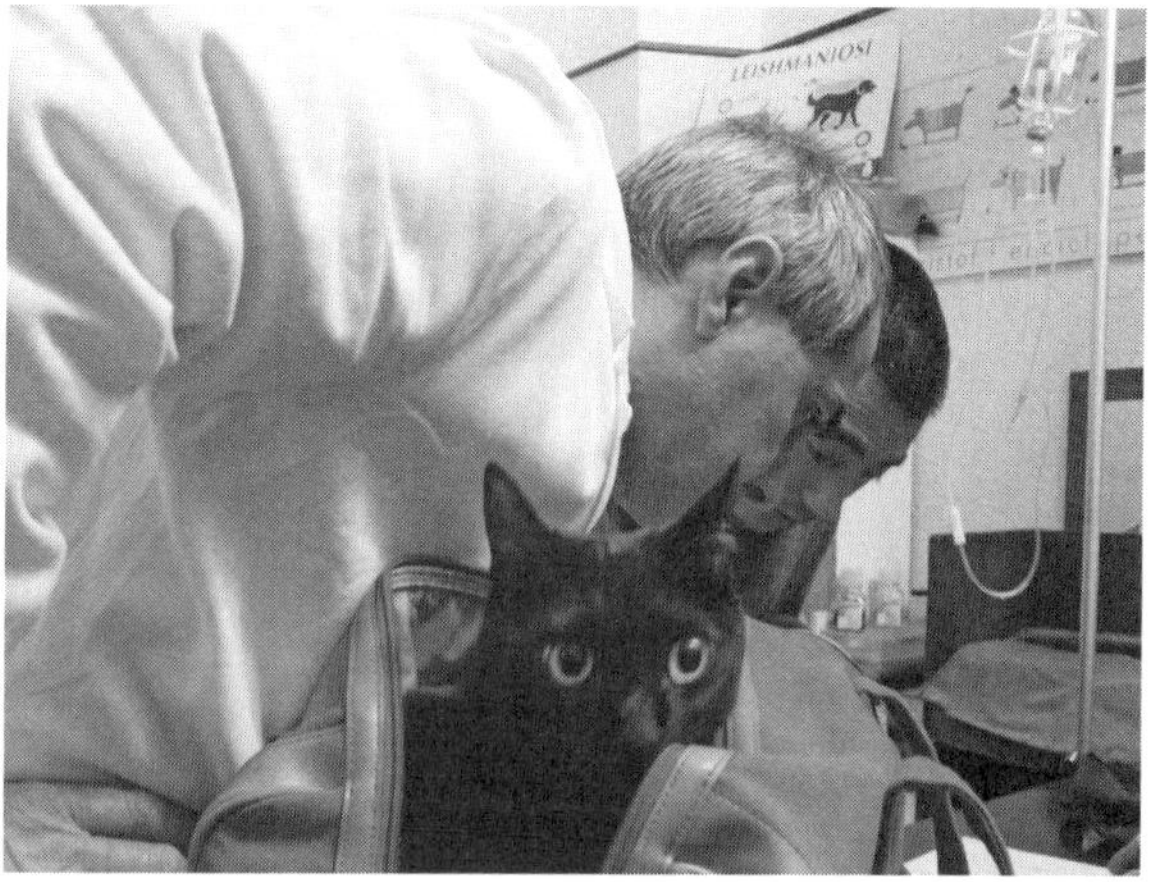

№24

海外でスムースに検疫書類を作成するコツ

A

日本の書類は西暦で揃えておく。日本の狂犬病予防接種証明書は元号表記が多いので注意。

B

書き込む書類は余分に持っていく。先方にとっても慣れない書式のためミスが多い。

C

海外の書類は書き込む都度、スマホで撮影し日本の検疫所にメールで確認してもらう。

№25

猫のお土産品でおすすめは？

A

エジプト土産の定番、「バステト女神」は黒猫の置物。

B

ラトヴィアの首都リガには「猫の家」にちなんだ猫モチーフ商品が豊富。

旅のおわりに……

そろそろ旅もおわり。預けていた車をピックアップして空港を出る頃には、ノロもすっかり日本へ帰ってきたことがわかっています。ニャ～ニャ～うるさいのなんの……。

3時間ほどで高速を降り、八ヶ岳が見えるところで窓を全開にすると、「待ってました！」とばかりに身を乗り出すのがノロの恒例パターン。風を受けて目を細め、山の匂いを全身で堪能する姿を見ると、僕も帰ってきたことを実感して、思わずほっこりさせられます。

さあ、今度はどこに行こうか。

2016年盛夏に記す

文庫版あとがき

本書の刊行が決まった直後のこと。20歳を迎えた2021年の秋、ノロは老衰により虹の橋へ向かいました。

最後となった旅は亡くなるほんの10日ほど前、P140の写真にある金沢でした。これを撮ったあと自転車のカゴからひょいと飛び降り、自分から歩き出すほど元気だったので、まさに「ピンピン・コロリ」。まるで散歩にでも出掛けるように、ノロはふらっと旅立って行きました。

元本のあとがきにも書きましたが、旅が終わりに近づくと、いつも車から身を乗り出して嬉しそうにしていたノロ。僕らと一緒ならどこでも楽しく過せる猫でしたが、旅は帰る場所があるから楽しい、ということをノロもわかっていたのかもしれません。

ノロ、楽しい20年間の旅をありがとう。また会う日まで。

今度は虹の橋のたもとで写真を撮ろうか。

2021年冬に記す

ノロ

2001年東京都生まれ・♂・雑種。旅行好きな飼い主に拾われたばかりに、世界を旅する羽目に。なみはずれた順応性とあきらめの早い性格を武器に、ヨーロッパをはじめアフリカ、中東の37ヵ国を歴訪。晩年は日本の八ヶ岳の南麓で豊かな自然に囲まれて暮らした。20歳を迎えた2021年の秋、老衰により虹の橋へ。

平松謙三（ひらまつけんぞう）

1969年岡山県生まれ。2001～21年まで黒猫「ノロ」と日本と世界37ヵ国を旅する。美しい風景とノロを写真に収め、書籍やカレンダーなどを通して発表している。著書に『黒猫ノロと世界を旅した20年』（ハーパーコリンズ・ジャパン）ほか、写真集に『NOROJOURNEY Photos 2001-2021』（ノロショップ）がある。カレンダー・ダイアリー「NOROJOURNEY」シリーズ（グリーティングライフ）は2007年から18年間続くロングセラーとなった。八ヶ岳南麓に暮らし、旅から発想した商品の企画、デザインも行う。

[ノロ公式ショップ] www.noro.shop
[Twitter] @noronow
[Facebook] @norobook
[Instagram] @norojourney

STAFF

写真・文：平松謙三
プロデュース・編集：石黒謙吾
カバーデザイン：松岡未来（ヤング荘）
制作：（有）ブルー・オレンジ・スタジアム

本書は2016年に宝島社から出版された
『世界を旅するネコ　クロネコノロの飛行機便、37ヵ国へ』に
加筆・修正し文庫化したものです。

世界《せかい》を旅《たび》する黒猫《くろねこ》ノロ

飛行機《ひこうき》に乗《の》って37ヵ国《こく》へ

二〇二二年二月二〇日　初版発行
二〇二三年一一月三〇日　2刷発行

著　者　平松謙三《ひらまつけんぞう》
発行者　小野寺優
発行所　株式会社河出書房新社
〒一五一－〇〇五一
東京都渋谷区千駄ヶ谷二－三二－二
電話〇三－三四〇四－八六一一（編集）
〇三－三四〇四－一二〇一（営業）
https://www.kawade.co.jp/

ロゴ・表紙デザイン　粟津潔
本文フォーマット　佐々木暁
本文組版　北風総貴
印刷・製本　TOPPAN株式会社

Printed in Japan　ISBN978-4-309-41871-1

わたしの週末なごみ旅

岸本葉子　41168-2

著者の愛する古びたものをめぐりながら、旅や家族の記憶に分け入ったエッセイと写真の『ちょっと古びたものが好き』、柴又など、都内の楽しい週末“ゆる旅”エッセイ集、『週末ゆる散歩』の二冊を収録！

中央線をゆく、大人の町歩き

鈴木伸子　41528-4

あらゆる文化が入り交じるＪＲ中央線を各駅停車。東京駅から高尾駅まで全駅、街に隠れた歴史や鉄道名所、不思議な地形などをめぐりながら、大人ならではのぶらぶら散歩を楽しむ、町歩き案内。

山手線をゆく、大人の町歩き

鈴木伸子　41609-0

東京の中心部をぐるぐるまわる山手線を各駅停車の町歩きで全駅制覇。今も残る昭和の香り、そして最新の再開発まで、意外な魅力に気づき、町歩きの楽しさを再発見する一冊。各駅ごとに鉄道コラム掲載。

巴里ひとりある記

高峰秀子　41376-1

1951年、27歳、高峰秀子は突然パリに旅立った。女優から解放され、パリでひとり暮らし、自己を見つめる、エッセイスト誕生を告げる第一作の初文庫化。

女ひとりの巴里ぐらし

石井好子　41116-3

キャバレー文化華やかな一九五〇年代のパリ、モンマルトルで一年間主役をはった著者の自伝的エッセイ。楽屋での芸人たちの悲喜交々、下町風情の残る街での暮らしぶりを生き生きと綴る。三島由紀夫推薦。

いつも異国の空の下

石井好子　41132-3

パリを拠点にヨーロッパ各地、米国、革命前の狂騒のキューバまで――戦後の占領下に日本を飛び出し、契約書一枚で「世界を三周」、歌い歩いた八年間の移動と闘いの日々の記録。

プーと私

石井桃子 41603-8

プーさん、ピーター・ラビット、ドリトル先生……子どもの心を豊かにする多くの本を世に出した著者が、その歩みを綴った随筆集。著者を訪ねる旅、海外の児童図書館見聞記も。単行本を再編集、新規二篇収録。

パリジェンヌのパリ20区散歩

ドラ・トーザン 46386-5

生粋パリジェンヌである著者がパリを20区ごとに案内。それぞれの区の個性や魅力を紹介。読むだけでパリジェンヌの大好きなflânerie（フラヌリ・ぶらぶら歩き）気分が味わえる！

ニューヨークより不思議

四方田犬彦 41386-0

1987年と2015年、27年の時を経たニューヨークへの旅。どこにも帰属できない者たちが集まる都市の歓喜と幻滅。みずみずしさと情動にあふれた文体でつづる長編エッセイ。

アァルトの椅子と小さな家

堀井和子 41241-2

コルビュジェの家を訪ねてスイスへ。暮らしに溶け込むデザインを探して北欧へ。家庭的な味と雰囲気を求めてフランス田舎町へ——イラスト、写真も手がける人気の著者の、旅のスタイルが満載！

アブサン物語

村松友視 40547-6

我が人生の伴侶、愛猫アブサンに捧ぐ！　二十一歳の大往生をとげたアブサンと著者とのペットを超えた交わりを、出逢いから最期を通し、ユーモアと哀感をこめて描く感動のエッセイ。ベストセラー待望の文庫化。

帰ってきたアブサン

村松友視 40550-6

超ベストセラー『アブサン物語』の感動を再び！　愛猫アブサンの死から１年、著者の胸に去来する様々な想いを小説風に綴る感涙の作品集。表題作他、猫が登場する好篇５篇を収録。

野良猫ケンさん

村松友視　41370-9

ケンカ三昧の極道野良に、作家はこよなく魅入られていった。愛猫アブサンの死から15年。作家の庭には、外猫たちが訪れるようになった。猫たちとの交流を通し、生と老いを見据える感動のエッセイ！

黒猫ジュリエットの話

森茉莉　早川茉莉〔編〕　41572-7

「私はその頃、ボロアパートとJapoとを愛していた」「私は散歩の度、買い物度に抱き歩いて見せびらかしていた」大きな黒猫Japoとともに暮らした十四年間。森茉莉言葉で描かれた愛すべき猫たち。

愛別外猫雑記

笙野頼子　40775-3

猫のために都内のマンションを引き払い、千葉に家を買ったものの、そこも猫たちの安住の地でなかった。猫たちのために新しい闘いが始まる。涙と笑いで読む者の胸を熱くする愛猫奮闘記。全ての愛猫家必読！

ミーのいない朝

稲葉真弓　41394-5

“ミー、さようなら。二〇年間ありがとう。あなたと一緒に暮らせて、本当に幸せだった”。愛猫ミーとの光満ちた日々。その出逢いと別れを通し、深い絆を描く感涙のエッセイ！　巻末に未発表原稿収録。

チャイとミーミー

谷村志穂　41543-7

いかないでよ、チャイ。頼むから、そばにいて——。縁あって出会った二匹の猫、チャイとミーミー。かけがえのない家族として寄り添う日々を描く感動作。チャイとの別れを描いた、文庫版書き下ろし収録。

ねこのおうち

柳美里　41687-8

ひかり公園で生まれた６匹のねこたち。いま、彼らと、その家族との物語が幕を開ける。生きることの哀しみとキラメキに充ちた感動作！